Juan Carlos Kreimer

Bici Zen

Ciclismo urbano como meditación

Prólogo de Joan Garriga Bacardí

editorial Kairós

© Juan Carlos Kreimer, 2016
Publicado de acuerdo con Guenter G. Rodewald / Consultant to Literary Agencies
& Publishers, Barcelona - www.mercadodelibros.info

© de la edición en castellano:
2016 by Editorial Kairós, S.A.
Numancia 117-121, 08029 Barcelona, España
www.editorialkairos.com

© del prólogo: Joan Garriga Bacardí

Fotocomposición: Beluga & Mleka, Córcega, 267. 08008 Barcelona
Impresión y encuadernación: Romanyà-Valls. Verdaguer, 1. 08786 Capellades

Primera edición: Febrero 2016
ISBN: 978-84-9988-483-7
Depósito legal: B 1.454-2016

Sumario

Prólogo:
Cuando ando en bici, ando en bici

Cada mes de noviembre, cuando paso por Buenos Aires, se ha convertido en una suerte de ritual encontrarme con Juan Carlos Kreimer en un bar de la plaza Serrano, en el intenso barrio de Palermo, al que suele llegar montado en su bicicleta, tocado con una gorra azul, y con la parte baja del pantalón derecho apretada por una abrazadera, a modo protector de los aceites y grasas de los engranajes del plato. No hay duda de que Juan Carlos tiene una larga y especial relación con su bici. La toca con un cariño y familiaridad que me hacen pensar en esas parejas que, a través de los años, se siguen interesando, queriendo, respetando, y experimentan una entrañable y natural complicidad, como si fueran uno, y no dos. No diré, porque sería exagerado, que Juan Carlos y su bici son uno, pero tampoco diría que son dos. Pasa algo especial entre ellos.

Conozco a Juan Carlos desde hace unos veinticinco años y lo he visto entregarse con fuerza y energía a todo aquello que le mueve y le entusiasma; así, no me extraña en absoluto que le haya dado por escribir sobre la bici, sobre el Zen (sin duda, es un buscador de la conciencia que ha desnudado los entresijos de unos cuantos métodos terapéuticos y otros tantos caminos del espíritu), y sobre ambas cosas al mismo tiempo: es obvio que su talento es el de quien integra y sabe unir conocimientos de distinta procedencia.

Lo conocí cuando dirigía la revista *Uno Mismo* y publicó uno de mis primeros artículos, lo que me confortó, pues su título ya hablaba de la figura del terapeuta como sacerdote y prostituta, palabras poco ortodoxas en el territorio de la psicoterapia. Aún experimento gratitud por ello, pues, para mi sorpresa e incredulidad, observé que a continuación la mirada de mis colegas viraba hacia una mayor consideración, fenómeno extraño para mí, teniendo en cuenta la escasa identificación que mantengo con la mayoría de textos que he escrito. A continuación vino a Barcelona, al Institut Gestalt, para ofrecernos un taller sobre «Rehacerse hombres», que es el título de uno de sus libros, y este tema, el de «ser hombres» ocupó su interés y atención durante unos años. Siempre he pensando que se mueve por su fiel radar interior que le hace interesarse por una multiplicidad de asuntos, cuyo denominador común podría ser algo así como pensamientos y acciones que ayudan y transforman.

Con los años nos ha ido creciendo una confiada amistad, de estas que encuentran su fortaleza y belleza en la distancia y, quizá por eso, se experimentan como tan valiosas y generosas. Una de estas apreciadas hermandades en el camino de la vida que agradezco de corazón. Fue tan certero Montaigne al escribir al respecto: «No hay desierto como el vivir sin amigos; la amistad multiplica los bienes y reparte los males, es el único remedio contra la adversa fortuna, y un desahogo del alma». Nos abrazamos, nos sentamos en un café, charlamos un rato de nuestras realidades vitales, proyectos, intereses, amores, tránsitos, cuitas y tramos varios del camino, nos aportamos desde escucha hasta aquello práctico que nos puede hacer más fácil la vida, y sobre todo: el saber que hay alguien ahí. Después nos despedimos hasta la siguiente ocasión, que no sabemos cuándo ni dónde acontecerá. Y lo veo irse tocado con su gorra azul, su sonrisa, su aire contento y su bici. O lo acompaño unas cuadras a algún lado, como la última vez que me llevó a visitar este centro cercano a plaza Serrano, en el que ayuda a otras personas a escribir y a conocerse a sí mismas a través de la escritura, otra de sus especialidades.

Apelando a mi asumida mala memoria, diré que no recuerdo si fue en una de estas charlas de café, o vía *mail*, que me habló de escribir lo que quisiera a modo de prólogo para su libro. Acepté con gusto por amistad, por hermandad y sobre todo porque le tengo fe. Y tener fe para mí significa mucho. Significa confiar en que, haga lo que haga una persona, lo hace desde un lugar bondadoso. Me pasa lo mismo con los terapeutas. No necesito verles trabajar. Me basta con conocerlos para tenerles fe o no. ¿De qué depende? Me parece que de una cosa tan poco científica como del hecho de que les perciba benevolencia o el deseo espontáneo de que los demás estén bien. Lo demás, la obra, se da por extensión o por añadidura. Y ahí van unas líneas sobre el principal impacto y las reflexiones, el grano que me queda de la lectura de este libro.

Al terminar la lectura de *Bici Zen*, uno se pregunta si se trata de palabras para vivir en el mundo, o bien de literatura para nuestro ser, digamos, trascendente. ¿Se trata de estímulos para nuestros asuntos de la vida cotidiana o para nuestros asuntos espirituales? La respuesta, en un nivel, es: para los dos. Aúna invitación al goce de vivir –este misterioso estar en la vida sin más, el cual, con suerte y a menudo, experimentamos como gracia «por nada»– a bordo de la bici, y un montón de informaciones prácticas sobre el arte de andar en bici, con nutrientes y poesía para el espíritu, a bordo de la inmensa sabiduría Zen. O sea: cultivo de la atención, vacuidad, no hacer, atestiguación e higiene del pensamiento, dejar caer toda fijación, presencia plena, y su correlato consecuente de mayor compasión, la cual nos lleva indefectiblemente a mayor felicidad, aunque esta sea un fruto espontáneo no pretendido.

La compasión es crucial, sin duda. Recordemos que el budismo evolucionó del pequeño vehículo o *Hinayana* al gran vehículo o *Mahayana*, en el que se inserta la rama Zen, trepando hacia el ideal del *bodhisattva*: el beneficio de todos los seres sensibles. Para el practicante no basta experimentar la propia liberación y alcanzar la budeidad, sino que su espíritu realizado, despierto, amoroso y compasivo lleva a un no sé qué generoso y altruista, que le hace esforzarse para que todos los seres alcancen la comprensión de su verdadera naturaleza y se liberen de los grilletes de su yo personal que los encadena al sufrimiento.

Pero en otro nivel, la respuesta la encontramos sabiendo que tal vez no hay tierra y cielo, materia y espíritu, cuerpo y alma, cotidianeidad y trascendencia, construcción y disolución, sino que son una sola y misma cosa, y navegamos de la dualidad a la unidad. Si la mente racional se ha vuelto imperante en su modelo lógico disyuntivo, no es menos cierto que los seres humanos estamos movidos por una sed de búsqueda que intuye otra fuente y otra realidad, otra lógica, copulativa y unitiva. Acudiendo a la voz de la ciencia, en boca de Niels Bohr: «Una verdad superficial es un enunciado cuyo opuesto es falso. Una verdad profunda es un enunciado cuyo opuesto es otra verdad profunda». A través del libro, sean pues bienvenidos la bici y su pedaleo, a darnos pistas y caminos de experiencia interior, para calmar esta sed y propulsarnos un poco más hacia la serena mente.

En otra línea reflexiva, la bici opera como símbolo y metáfora. La bici es un invento (ya diseñado y perfilado por Leonardo da Vinci, como explica el libro), más y más usado cada día, que recluta nuevos contingentes, atraídos por la estela del símbolo: resistir, simplificar, lentificar, presenciar, sentir, permanecer en contacto con uno y con la vida. Como si contuviera un principio emblemático, que remite a valores y sensaciones tales como naturalidad, salud, cuidado, respeto, sencillez, ritmo humano, humanidad, goce, infancia y curiosidad, equilibrio, autonomía, ecología, etcétera. Su uso es apenas contaminante, cero embrutecedor, no desprende gases tóxicos, y en su cuidado y reparación podemos ser casi autosuficientes porque sus engranajes mecánicos son sencillos y no dependemos de los grandes consorcios o de profesionales muy especializados. Los profesionales que florecen y se multiplican en pequeños negocios de venta y reparación de bicicletas en las ciudades, suelen conservar el sabor de lo artesanal, familiar y afable. Tomando esta analogía de la no contaminación o su reverso de «pureza», cuando montamos en bici, y somos abstraídos o tomados por el flujo o nos sentimos uno con la bici y el entorno y con lo que es a cada momento, también la mente se libera de sus miasmas y toxinas, se purifica por así decir, se vacía, se vuelve más como el claro cielo azul, se serena. El ciclista «sonríe». En fin, se eliminan (o se ponen entre paréntesis) residuos y cuadrículas, que en forma de pensamientos cristalizan en «opiniones», «valoraciones», «distinciones», cuyo conjunto configuran nuestro modelo de mundo. Nuestro modelo o mapa del mundo cristalizado paradójicamente nos aleja de él. Importa, por tanto, desprenderse, purificarse. Por eso también en los Evangelios se sugiere la idea de que «morir a uno mismo es ganar la vida eterna» cuando se dice en Marcos 8, 35: «El que quiera salvar su vida, la perderá. Pero el que pierda su vida en mí la hallará». Es bella la idea de estar montado en la bici en movimiento experimentando un inmóvil y eterno presente, vacíos (muertos) de nosotros mismos, mientras el futuro se nos acerca y nos absorbe con sus caprichosas formas.

Como decía, es este un libro que contiene nutrientes y poesía para el espíritu. Su lectura me ha llevado a releer el «Poema de la fe en el espíritu» o «Shin Jin Mei» (en japonés) del maestro Sosan, tercer patriarca Zen. Una vez más, me impacta este maravilloso y críptico poema: «Haz la menor distinción, y cielo y tierra se separarán infinitamente». Es lo que decía de la purificación. El creador de singularidades o distinciones o evaluaciones es el pensamiento que se aleja del modo «contemplativo» para trocear (por no decir descuartizar) la realidad con su hacha conceptual. En esto modo, cielo y tierra, luz y tinieblas, arriba y abajo, forma y vacío dejan de ser uno y lo mismo. Ingresamos en la dualidad, la dicotomía, la dialéctica. El Yo toma posición, y de este modo construye la propia cárcel. El Zen es práctica y meta al mismo tiempo. No es medio para un fin, sino medio y fin al mismo tiempo. Atesora el potencial para agrietar las paredes de nuestra prisión personal.

En otro orden de cosas, este es un libro con poderes evocativos, pues me ha llevado a incursionar en mi biografía y a recordar. Por el lado Zen, las aburridas y gélidas tardes en Pamplona donde, durante los permisos de salida del estúpido cuartel en el que realizaba el estúpido servicio militar, leía a Suzuki Roshi. Estoy seguro de que no entendía gran cosa, pero me daba igual, ya que leerlo me acercaba a un aroma que me hacía sentir más vivo, más en mí mismo o algo similar, y operaba de antídoto para este tiempo baldío y carente de sentido de la milicia. Hoy en día pienso que, sin clara conciencia de ello, estaba motivado por esta sed de trascendencia y sabiduría que creo vive y late en todos.

Por el lado bici, las evocaciones han venido en tropel desde mi infancia rural, y en el contexto de una familia muy, muy, extensa. Intacta la emoción y la memoria clara de la pequeña y única bicicleta infantil, en la masía de mis abuelos, sobre la cual nos abalanzábamos una enorme pléyade de primos, todos deseosos de hacer nuestros trescientos metros de gloria, antes de pasarla con pena, desgana y envidia, al siguiente. Debió ser una escuela de generosidad y comunalidad, pues algo se aprende al respeto con tan poca bici y tantos hermanos y primos. Pero el anhelo y el placer eran indescriptibles, pedaleando por el camino surcado por almendros y cañizos, hasta llegar al límite de lo permitido y seguro, la vía del tren del pequeño pueblo. Me ha retrotraído también a la enorme bicicleta envejecida, amarillenta-anaranjada, de mi abuelo. Cuando él tomaba su café y jugaba su partida de cartas en el bar, al lado del parque, y veíamos su bici, a veces corríamos a pedírsela para dar unas vueltas. Metíamos la pierna derecha por el interno del cuadro para alcanzar el pedal y desde ahí empezábamos a pedalear, por supuesto, también por turnos. Luego sentí el enorme placer adolescente de pedalear en grupos de amigos por los caminos que rodean los campos de labranza. Tomo conciencia ahora de que no tuve mi propia bici hasta grande. En Barcelona compré la primera con veinte años. Confieso que al poco de usarla por la ciudad me asusté y sentí claramente que mi vida corría inminente peligro. Por suerte, los tiempos han cambiado y a día de hoy cada vez hay más carriles bici y más personas se suman al contingente de los «ciclistas urbanos», animados por la descompresión y salubridad que algunas ciudades más conscientes y humanas promueven y necesitan. Agradezco a Juan Carlos que sus palabras tengan esta potencia evocadora de viejos recuerdos entrañables enterrados en capas sucesivas de deberes y responsabilidades. Que me despierte la añoranza de las precisas palabras de Galeano: «Vivir por vivir no más, como canta el pájaro sin saber que canta o como juega el niño sin saber que juega». Otra confesión: después de leer el libro he vuelto a andar en bici con placer.

Terminaré diciendo que se trata de un libro inspirado y ocurrente, humanista y contracultural, intelectual y experiencial, riguroso y amoroso, culto y popular, terrenal y espiritual. Y, sobre todo, un libro Zen, cuya máxima (el libro nos la recuerda) más simple, elevada y menos comprensible es: «Cuando como, como. Cuando duermo, duermo». Y agregaría yo: «Cuando ando en bici, ando en bici».

JOAN GARRIGA BACARDÍ
Agosto de 2015, Port de la Selva

Introducción:
Una hermosa sensación de nada

Si alguna vez al subir a la bici y empezar a pedalear,
tuviste la sensación de que tus actos
eran independientes de tu voluntad
y de que todo lo que estabas pensando se ponía en pausa,
no necesito explicarte a qué me refiero.
El Zen lo llama presencia plena.

Un mediodía a finales de 1982, a los treinta y ocho años, me di cuenta de que la bici se maneja a sí misma. Sentado frente al Río de la Plata, en la bahía que hoy ocupa el Jardín de la Memoria, está conmigo Daniel Coifman, un amigo psicoterapeuta que pasó un par de temporadas en el Instituto Esalen de Big Sur, viajó varias veces a la India y, para decirlo brevemente, exploró los misterios de la conciencia. Nuestras bicicletas están apoyadas una contra la otra.

Le digo que recuerdo todos los lugares por los que pasamos: el planetario, la barrera del tren, la cerca del aeropuerto, el cruce al Club de Pescadores. También, el viento sobre la cara, el agua salpicando la baranda, el olor a comida de los restaurantes, cuando diste un rodeo para no pasar cerca de los dos ancianos que tomaban mate... Sin embargo, no recuerdo los pensamientos que tuve. Me distraje, no sé dónde estaba... solo sé que estoy aquí.

Daniel da un salto y se pone de pie. «No, no te has distraído –dice–, estuviste abstraído, pero no estuviste ausente. Y aunque no lo creas, es justamente lo contrario.»

o o o

Han pasado treinta años desde aquella hermosa sensación de nada y de aquel diálogo frente al río, cinco libretas de 160 páginas cada una, casi rotas de tanto ponerlas y sacarlas del bolsillo, con centenares de palabras y frases sueltas, oraciones y párrafos inconclusos, copias de citas o subrayados. De tanto en tanto, las copio en un larguísimo archivo en mi ordenador y lo abro en cualquier página.

–«El que viaja es el motor.»
–«Hay riesgos, no fantasmas.»
–«Implicarse sin implicarse.»

o o o

Los enlaces entre bici y Zen se establecen de manera involuntaria, aludan al aspecto al que aludan. No los busco, me persiguen.

Meditar no consiste en sentarse con las piernas cruzadas y las manos hacia arriba para lograr otro estado mental, sentarse «es» ese estado. Del mismo modo, sentarse con las piernas hacia abajo, moviéndose a la par de los pedales, y con las manos en el manillar, también «es» en sí mismo el estado mental propio de la bici.

Las dos prácticas son una «digestión mental», pues nos depuran por dentro. Puede parecer un silencio pasivo; no lo es, ya que la mente se vacía y con naturalidad entra en un estado sutil de atención.

La información que el ciclista le pasa a la bici y la que esta le devuelve es un diálogo similar al que mantenemos con nuestro cuerpo, cuyas partes se anticipan a los mensajes de la mente y parecen moverse con autonomía.

Una mano recorre el borde de una mesa y reconoce dónde termina. Una pierna en el aire y un movimiento del pie son capaces de recibir una pelota de fútbol y desviarla hacia el ángulo libre del arco, todo eso en menos de un segundo, como si nadie le preguntara qué hacer a la mente, ni esta tomara una decisión.

La mente asiste en su doble significado: estar allí, cuidando, y enviar la ayuda (información) necesaria. Una coreografía que trasciende todo vocabulario.

○ ○ ○

Cuando lo incorporamos con los sentidos, el objeto bici se vuelve una extensión de nuestro cuerpo, como si fuera otra extremidad. Llega a transmitirnos su estado, lo que necesita en cada momento, e interpreta los impulsos que le llegan del cerebro, a través de nuestros puntos de apoyo. Casi desde que aprendemos a andar, establecemos este diálogo, que es instintivo, y del que no nos damos cuenta.

Para el Zen, el andar «es» ese diálogo.

Del mismo modo, cuando el cuerpo y la mente se combinan mejor –de aquí en adelante diremos que se alinean–, el fluir de la energía o *elán* vital encuentra menos obstrucciones. Va y viene por el interior del ciclista y el de la bici, ya que es natural, y los puntos de contacto ofician de interface.

○ ○ ○

Al meditar, se alinean los diferentes cuerpos que nos componen (físico, emocional, mental y otros menos registrables), se anulan las interferencias de la mente y se abre en la conciencia un contacto menos verbal con quien somos en profundidad y en esencia. A veces, alcanzamos cimas a las que no llega ningún pensamiento y nos parece al mismo tiempo estar y no estar presentes. No se diferencia entre lo observado y el hecho de que somos nosotros quienes observamos. Podemos permanecer allí o ir más lejos y volver cuando lo deseemos.

Aunque puede ser peligroso querer alcanzar ese estado sobre la bici, sintonizar con la meditación es aprovechar cada oportunidad para lograr integrar el continuo hombre-bici-camino (camino incluye al entorno).

Esta perspectiva toma más sentido ahora que el ciclismo se ha vuelto una práctica generalizada, cotidiana y menos resistida. Muchos están descubriendo que andar en bici aporta una alineación interna y no solo una forma externa que sirve a sus necesidades.

Me dice el mecánico de mi auto, también ciclista, «cuando necesito alineación y balanceo, salgo en aquella basura», y señala una bicicleta negra apoyada sobre la pared del fondo del taller.

PARTE I:

HAY MUCHA BICI POR ANDAR

EL FENÓMENO, LA OPORTUNIDAD

1. El ciclista urbano

Las bicicletas han vuelto a ser parte de la vida cotidiana.
Aunque todavía la mayoría las toma más como una
recreación que como un medio de transporte.
Casi todas las ciudades del mundo están demarcando
sus calles para estimular y proteger su uso.
Trascienden los espacios que les asignan los municipios,
su moda y hasta el contagio por el efecto fenómeno.
Lo que parece ser una forma es un contenido.
Cualquiera que sea su uso, crea hábito.

Ancestros de las dos ruedas

Desde que en el Neolítico se descubrió que lo redondo era capaz de rodar, no hubo quien detuviera el desarrollo del hallazgo. Quizás el hombre ya supiese, como se saben esas cosas que no sabemos que sabemos, que la rueda escondía una finalidad mayor, otro fruto de la creación especialmente destinado a ser probado.

En apariencia, al hombre pudo impulsarlo el ansia de querer ir más rápido que sus pies y mucho más lejos.

La célebre proporción humana perfectamente metida en la cuadratura del círculo es puesta de perfil y permite a Leonardo da Vinci, en 1490, esbozar un prototipo de bicicleta a la exacta medida de su anatomía y dinámica. Con el mismo ojo que quería ver al hombre moverse por el aire como un pájaro, Leonardo imaginó un sistema de autopropulsión para que el hombre volara a quince centímetros del suelo. La Carrousell, un modelo no muy diferente de la clásica bicicleta del siglo XX, incluye dirección directamente vinculada al manillar, pedalera en la base del cuadro y ¡transmisión de cadena! Calza a la perfección en el cuerpo humano: lo sienta en una posición inmejorable para la tracción, para sostenerlo (al cuerpo humano) y fusionarse con él.

Hacia 1880, cuando el inglés John Kemp Starley comienza a fabricar la llamada «bicicleta de seguridad» con una cadena de eslabones articulados entre la pedalera y el piñón, Da Vinci, desde la tumba, debió haber gritado: «¡Por fin, muchachos!».

La diferencia de tamaño entre la mayor cantidad de dientes del plato en relación con los del engranaje permitía un mejor desarrollo: por cada vuelta de los pedales, el engranaje giraba más veces y, por ende, hacía ir más rápido a la rueda.

La idea de transmisión y multiplicación resultó insustituible, pero no que el engranaje de la rueda trasera estuviera fijo al eje. A favor: permitía alcanzar velocidad en pocos metros y frenar con las piernas sin bajar los pies al suelo. En contra: imposible dejar de pedalear. Al dejar de hacer fuerza con las piernas, los pedales y la cadena se seguían moviendo por el impulso de la rueda trasera. Muy poco después, otro inglés inventó el piñón libre, una suerte de embrague que permite desconectar las piernas de la tracción. El sistema es básicamente el mismo que hoy usan todas las bicis, con y sin cambios.

A ambos lados del Atlántico, empezaron a fabricarse bicicletas en serie y todas las colonias las adoptaron como signo de progreso. El ciclismo dejó de ser una práctica reservada a las élites masculinas y la bicicleta se convirtió en un vehículo de transporte.

Durante el siglo xx, se continuó con la premisa bíblica: creced y multiplicaos. En lo conceptual, con el mínimo de darwinismo, ya que el esquema de cuadro con forma de diamante apenas si ha evolucionado. Mayor o menor cantidad de tubos de metal ensamblados, más rectos o más curvos, los diseños difieren en lo aparente, pero siempre parten del mismo triángulo virtual (el lugar del asiento, los pedales y el manillar) para dar apoyo a los tres mismos puntos de contacto (nalgas, pies y manos). Todas sus variantes siguen respondiendo a ese perfil humano tomado como base por Leonardo da Vinci.

Sujetos de culto

«Podría decirse que manipulaba la bicicleta con guantes
de niño. Siempre miraba que las ruedas delantera y trasera no
se bambolearan. A menudo, me hacía el trabajo sin cobrarme,
porque decía que nunca había visto un hombre tan enamorado
de su bicicleta como yo.»

HENRY MILLER, *My bike and Other Friends*

¿Algunos objetos como la bicicleta pueden tener vida? ¿Especialmente los artefactos mecánicos, sin un motor, que complementan funciones humanas, como las viejas cortadoras de césped o las máquinas de coser a pedal?

Como los instrumentos musicales, las bicis no tienen una energía que podamos ver, ya que solo la dejan pasar por sus mecanismos: la de nuestros pies, la del impulso, la de los declives, la de nuestros dedos. Depuran algunas leyes físicas como la gravedad, el equilibrio, la inercia, la fuerza centrífuga. Multiplican fuerzas, procesan información, la combinan, se adaptan a situaciones diversas. Nos soportan, soportan nuestro peso encima, nuestras habilidades, vicios, caprichos. Nos llevan. Nos entienden...

Y en planos más sutiles, tienen, también ellas, algo de eso, de ese sentido abstracto al que los humanos nunca encontramos la manera de nombrar. Me refiero a Eso que nos trasciende.

Querer determinar si su espíritu nace de su esencia o de su función es como pretender independizar al observador de lo observado o a la mente del yo. Es innata, pues estuvo allí desde su génesis.

Cada bici tiene una personalidad. Objeto de culto privado, cada uno construye una relación con su bici, la que sea, como con determinado par de zapatos o con una camiseta, aunque haya miles de objetos similares. Un modelo igual de la misma marca no producirá el mismo efecto. Cada bici establece una relación personal.

○ ○ ○

Es una relación corporal. Como en todo cuerpo a cuerpo, interactúan factores que trascienden a la mente. El que se sube a una bici lo percibe en cómo ella lo recibe, cómo soporta su peso, qué le pide, cómo responde a sus estímulos. No todos los modelos provocan la misma sensación de completitud. Una vez establecida la empatía, viene el *feedback* y la posibilidad de relajarse. Una alquimia que es un abandono u olvido de sí. Una liberación y otras instancias similares a las que suceden durante el acto sexual.

El andar no obliga a racionalizar cada movimiento: la misma dinámica hace que hagamos lo adecuado. Avanzo, luego lo pienso. Al igual que con un instrumento musical, los hábitos operan a un nivel subconsciente, pues a partir de cierto grado de compenetración, el ejecutante, en la euforia de la ejecución, no puede detenerse a reflexionar cómo y qué hace para ejecutar. Se entrega a la música como el ciclista al andar.

○ ○ ○

Al leer el último párrafo, Nicolás Muszkac escribe al margen: «a mis treinta y dos años (hace dos), fui con mi padre a la bicicletería de mi infancia. Allí, Miguelito, el mecánico de bicis, me mostró una bicicleta que tenía colgada, casi destruida. "Tenías una como esa, era igualita", dijo. Se trataba de una Aurorita rodado 20, plegable. Todas las partes eran nacionales, hasta los frenos. Por supuesto, la compré y la restauré. Ahora siento el mismo placer por las bicis que el que sentía cuando aprendí a andar en una».

○ ○ ○

Para los que la amamos cuando éramos niños, la bici nunca muere y ninguna muere del todo. Aunque se la desarme y se tiren las partes, siempre hay alguien que rescata un cuadro oxidado, antes de que pase el camión del reciclaje, y la rearma con implantes o piezas desechadas de otras bicis. Raro es que los caños vuelvan a una fundición. Siempre se reencarnan y vuelven a revivir ese vínculo que une al ciclista con su bicicleta.

El antropólogo Marc Augé lo considera un vínculo de amor y, literalmente, de reconocimiento, que el tiempo no destruye, sino que afianza mediante los recuerdos y la nostalgia, si es preciso, cuando la vida los ha separado.

Metáfora de una existencia basada en la utopía, en el equilibrio entre el hombre y la naturaleza, en cierta añoranza de un tiempo ideal, no prostituido por la razón mercantil, en una libertad simbólicamente recuperable… La bici convoca innumerables cargas significativas.

Lo imperceptible

A finales de la década de los 1980, cuando casi todas las marcas de bicis, americanas y europeas, empezaron a ofrecer modelos con cambios de marcha integrados, muy pocos se dieron cuenta de que era algo más que una novedad tecnológica. «Responde a una manera de entender, y practicar, el acto de andar en bici "también" desde la automatización consciente de los movimientos, por ínfimos que sean», me explica Nicolás Muszkat, el mismo que restauró su bicicleta infantil, y que es gerente de Shimano para Hispanoamérica, dato no menor si sabemos que la mayoría de los cambios que circulan por todo el mundo llevan esa marca. Y precisa que no son un agregado a la bicicleta, solo para hacer más o menos fuerza, sino que lo que se busca es que el ciclista pueda hacer los cambios de marcha sin distraer su atención. Que sean como una parte de su cuerpo, como el aire que respira. Sin notarlo.

Lo imperceptible, como concepto implícito en los cambios de marcha, apunta de un modo directo a que la reacción del ciclista se realice con la menor intervención posible de su raciocinio. Que se active en el momento justo en que llega el pedido sensorial a su mente, y que sea independiente del acto volitivo de decidir cambiar de marcha. Que ni siquiera se dé cuenta de lo que hace, como cuando algo le avisa que presione los frenos y él lo hace, sin pensar siquiera en eso. En términos de cualquier arte marcial japonés, lograr una compenetración tal entre la función y el instrumento hace que la energía «se dispare a sí misma».

o o o

¿Es coincidencia que las fábricas de esta ingeniería emotiva hayan surgido y tengan sus cuarteles generales en Sakai, una ciudad de la provincia de Osaka, donde los cuatro elementos característicos de la ceremonia del té –armonía, reverencia, pureza, calma– contrarrestan la energía de sus históricas forjas de acero para armas?

¿Es coincidencia que el fundador de esa empresa, Shozaburo Shimano, un hombre que conocía como la palma de su mano los secretos del forjado en frío, alternara su trabajo con la pesca? Le gustaba hacerlo solo, se pasaba horas con el hilo apenas sostenido entre el pulgar y el índice, permitiendo que su mente se llenara de naturaleza…

¿Tiene todo esto alguna relación con el espíritu Zen del ciclismo?

Me lo pregunto.

o o o

Ahora que dejó de ser el vehículo de los románticos –y de los fanáticos– y se volvió una elección inteligente, es la apuesta del siglo XXI para la sustentabilidad del tránsito urbano, y se ve en ella la posibilidad de un modo de vida más sano. La del ciclista es una filosofía posible de llevar a la práctica. La bicicleta sigue firme como el último gran invento de la Era Mecánica, más allá de las innovaciones que se le puedan seguir agregando: bisagras que permiten plegarlas, motor eléctrico con baterías recargables, diseños sin ángulos, nuevos modelos «cargo» con la rueda delantera ubicada un metro delante del manillar, etc.

Conciencia de red

«Si no tenemos red, no hay ciclistas.»

El mismo auge va abriendo nuevos frentes. Un mayor uso y carriles para bicicletas más seguros para circular conllevan también educar al ciclista. Hacer que incorpore la noción de convivencia en la cabeza, que va dentro del casco. En experiencias piloto de formación, se los hace poner en el rol de conductores de vehículos o de peatones, para poder dialogar. Entender cómo es el comportamiento del otro, cómo son vistos los ciclistas y escuchar lo que ellos mismos dicen desde ese otro lugar, sin emitir juicios, permite ver que no se trata de oponerse al tránsito, sino de complementarse.

Sin proponérselo, desarrollan lo que el Zen entiende como sentido de compasión: comprender que unos y otros, aunque nos desplacemos a pie, en bici, en autobús o en una camioneta cuatro por cuatro, pertenecemos a la misma esencia y somos igualmente vulnerables. Cuando un auto atropella una bici, ambos resultan afectados.

Desde esa perspectiva, los separadores de cemento que van ganando calles y avenidas, dejan de ser una política para favorecer la viabilidad y ofrecer seguridad. Hacen que los que van por acá y los que vienen por allá se sientan más cerca, más unidos. Son partes de la misma red: fluyen.

○ ○ ○

Compasión: budas y *bodhisattvas* dejan de lado la idea de pena por el otro y coinciden en que la compasión es un sentimiento cercano a la simpatía, extensible tanto a amigos como a enemigos. Para que pueda ejercerse con libertad, producir empatía y comprensión y circular en términos de energía, necesita de la sabiduría que aparece naturalmente cuando dejamos de lado nuestro ego y vamos más allá de sus límites.

La compasión opera en red, no hay uno que la ejerza y otro que la reciba, ambos son canales de su energía.

Crece a medida que se practica.

Lo intransferible

«La actitud intrépida de un héroe
y el corazón amoroso de un niño.»

Sôyen Shaku

Durante nuestra adolescencia en la ciudad, nuestros padres intentaban, hasta donde podían, disuadirnos. Decían: «Tu cuerpo es tu carrocería, aunque el otro tenga la culpa siempre llevarás la peor parte, sé que vas con cuidado…, pero el riesgo son los otros». Frases tan comunes como ciertas. Entonces y ahora. Al menor roce o encerrona, adiós equilibrio. De joven te lastimas las rodillas, de grande se te quiebra algún hueso. Un descuido puede ser la despedida.

Pero… ¿cómo dejarla? ¿Con qué reemplazarla? Los deportes son otra cosa.

«No te lo prohíbo, pero después no digas que no te avisé», «Cuando te llevas la bici, me quedo intranquila…» Con el andar, la mochila de advertencias se va transformando en conciencia de riesgo. Más que una voz que paraliza o dice cuidado con esto, cuidado con aquello, se desarrolla un estado intermitente de alerta y atención.

Uno sabe por dónde se mete y aprende a ver sin tener que mirar. Entiende los movimientos de los coches y hace previsibles los propios.

Hay, pese a todo, un espíritu heroico en el ciclista urbano, que es un David que arriesga su vida yendo entre Goliats. Autos que vienen detrás y pasan sin más, autos que doblan sin mirar quién va a su lado, autos estacionados que asoman la punta para ver si pueden salir.

○ ○ ○

¿No es peligroso? Me pregunta un cliente al ver el casco colgado de mi mochila. Lo dice admirado y receloso, mientras piensa por qué demonios su asesor editorial viaja en bici si dispone de otros medios. Sí, le respondo, mientras desfilan por mi mente varios escenarios de accidente y muerte, pero voy con cuidado. Lo digo consciente de que me desplazo entre coches, motos, autobuses y camiones que duplican y triplican mi velocidad y se entrecruzan sin la menor consideración, que con solo una caricia podrían voltearme. Así y todo, hay una razón difícil, si no imposible, de transmitir.

«¿No te parece algo infantil seguir usándola?» A dos calles de sus oficinas han puesto un carril bici de doble sentido de circulación, y pasan varios hombres de nuestra edad. Sin embargo, para él, como para las seis de cada siete personas que todavía no usan la bici, tanta bicicleta por la ciudad habla básicamente de una necesidad de transporte independiente. Y para quien quiera oírlo, está diciendo también que la felicidad debemos construirla cada uno, individualmente, dentro de un sistema social que contradice hasta sus propios paradigmas. Ya no queda más tiempo para soñar con un utópico algún día… La opción pasa por intentarlo a través de actos pequeños, cotidianos, al parecer aislados, como tener una huertita en el fondo del jardín o separar los residuos orgánicos de los no degradables, o no dejar correr agua mientras fregamos los platos. En esas acciones, encontramos una actitud que poco a poco impregna nuestra vida.

También podría explicarle que vinieron pedaleando al menos dos Juan Carlos: aquel chico al que le gustaba sentir el viento sobre la piel, mientras se imaginaba volar, y un hombre con los pies en la tierra que ya entendió algunas lecciones. O que la alegría vital de aquel niño de tres años que se partió los dos incisivos de leche por no saber frenar a tiempo sigue viva, sí, agazapada entre mil sobre adaptaciones (y coronas de porcelana). Y necesita salir.

o o o

«Mi mujer necesita salir en bici para entrar afuera. Yo siempre estoy lejos, donde lejos se mezcla con lejos», decía Federico Peralta Ramos, formulador de la filosofía gánica, cuando Sarita se iba en bici a la plaza.

○ ○ ○

Las llaman «metanecesidades». Después de satisfacer seguridades primarias, como alimentarnos, tener un techo, sentirnos queridos, y de establecer un nivel tolerable de autoestima, el mismo deseo de seguir activos lleva a reflotar gustos que fuimos ahogando por el paso del tiempo. Personas de mediana edad o bien adultos, que tienen todo en términos de necesidades básicas, deben recurrir a psicofármacos para que sus mentes vuelvan a circunvalar estados emocionales en los que se sientan seguros, realizados y satisfechos y puedan volver a dormirse cuando algo los despierta por la noche.

Las pastillas aplacan esos llamados que llegan en forma abstracta o como una sensación indefinible de vacío. Reemplazan la apertura o la jerarquización de ese espacio interno que se abre. Y, sin embargo, el mosquito sigue zumbando.

Alcanzar la libertad no implica dejarse llevar, sino más bien tomar decisiones, atreverse a dejar los hábitos pautados a los que estamos acostumbrados y que reaparecen automáticamente, por comodidad, por no pensar en cuánto nos afectan, por miedo a probar otra cosa, por no querer desarticular los condicionamientos que hemos construido en torno a la normalidad y permitirnos experimentar, como lo hacíamos de niños, reconocer deseos…

A muchos andar en bicicleta por la ciudad les provoca un miedo que trasciende todo riesgo físico. Los confronta con un estilo de vida al que, poco a poco, le fueron cerrando las puertas, y que integra el rubro de las actividades que no se permiten ni siquiera considerar.

Otros no pueden renunciar a su hechizo. A las pocas pedaleadas, aunque sus conciencias no lo registren, se les abren momentos de no pensar y de disfrute, entre otros en que la actividad intelectual fagocita cualquier tipo de reconocimiento emocional. Se les despierta una memoria de sensaciones replegadas en el olvido corporal.

La vivencia es intransferible.

Transpirar la bicicleta

«Tener una bicicleta es hoy en día más chic que tener un auto: significa que vives en el centro, que tienes tiempo libre. [...] Nuestros gustos están ligados a una necesidad de diferenciación con respecto a las clases populares.»

CRISTIAN BOLTANSKI

Es cierto, tengo la camisa arrugada y fuera del pantalón, los pelos para cualquier lado, cierta cara de euforia, motitas de hollín entre los dedos y en la comisura de los ojos. Cincuenta calles de pedaleo a unos diez o quince kilómetros le quitan la pulcritud a cualquiera.

El recibimiento de mi colega, impecable dentro de su chaqueta de *tweed*, es:

—Cuando te quites ese espíritu tan de domingo con que llegaste, comenzamos.

—¿No se nota? —pregunto haciéndome el sorprendido—. Vengo más concentrado que nunca... Es más, por el camino se me hicieron clarísimos los incisos donde podemos quedar atrapados.

Saco mi ordenador Mac de la mochila, lo ubico sobre su escritorio y, al abrirlo, repito para mí: «Cuando como, como y cuando duermo, duermo…». Él comienza a leer en voz alta, lo sigo con la vista en mi pantalla. Poco a poco me voy olvidando de cuánto me incomoda el lugar en el que me pone.

En el momento, no reconozco los fantasmas que convoco. No quiero que acepte mis gustos, solo que no se meta con ellos y entienda que no quiero convencerlo de nada. Él es él, yo soy yo, y que yo haya llegado en bicicleta a nuestra reunión semanal no significa que él también deba hacerlo.

○ ○ ○

Casi tres horas después, vuelvo por el mismo carril bici en sentido inverso. Es media tarde y muchos salen del trabajo, muchos parecen ir a algún curso, igual cantidad de hombres que de mujeres. Delante de mí van dos hombres con el portafolio en bandolera sobre la americana. También va una mamá joven, con una niña en el asiento trasero y la fiambrera en la cesta.

¿Por qué unos pueden, se animan, se lo permiten, la aprovechan (usa el verbo que quieras) y otros no?

La hipótesis más común lo atribuiría a un concepto de calidad de vida impuesto desde el afuera. La publicidad y los medios alimentan la idea de que un mejor nivel existencial se asocia con el mejor coche, vivir en los barrios más exclusivos, instalar un televisor de más pulgadas en el dormitorio, disponer de un móvil con más opciones, irse a tal o cual destino turístico exclusivo… Publicidad y medios necesitan bombardearnos con este tipo de mensajes, que son su base. Si ponen alguna bicicleta en el fondo de un anuncio de ropa o dedican una doble página a su auge, es porque saben que hoy se la identifica con un espíritu joven emergente, con la libertad, con lo ecológico, con algo vital, con calidad de vida, con la vuelta a lo simple… Y buscan apropiárselo, como hacen con todo elemento o actitud con poder de convocatoria. No incluyen la bicicleta por amor a su uso, ni porque lleve las semillas de otros cambios de hábitos. En su práctica generalizada, ven negocios a futuro.

Aunque la cuestión es más compleja, porque los que construyen los mensajes ya no son solo los medios, la televisión ya no crea tendencias, los potenciales ciclistas no siguen a líderes de opinión. Por más cazadores de nuevas pautas (*cool hunters*) que contraten las agencias y, aunque los mejores creativos del mundo se dejen los sesos en los *brainstormings* para dar con formas de imponer la bicicleta de forma masiva, el parque crece a partir de pequeños activistas. Y de personas que la prueban. Una a una.

○ ○ ○

Una imagen (foto o dibujo) de una casa muestra lo que es. Si se le agregan una o dos bicicletas apoyadas, digamos contra un árbol o alguna pared, la imagen indica que hay personas adentro. Vida.

Como símbolo, la bicicleta también recupera el espíritu de la primera infancia (entre tres y cinco años) cuando la forma es el contenido. El adulto que ve la imagen de una bicicleta, aunque no sea ciclista, se permite un sueño fugaz, una caricia sobre sus deseos latentes. Tiene algo de la fantasía de volar.

En esa zona subliminal del imaginario, nunca conquistada ni liberada por completo, todo elemento de progreso (y una cultura construida mirando hacia ese horizonte) es una trampa. Los americanos expresan esa imposibilidad de salirse del sistema con la palabra *bootstrap*: querer despegar del suelo tirando hacia arriba de los cordones de los zapatos. Por más que uno huya de las conductas devoradoras que nos impone el darwinismo tecnoindustrial, este siempre nos tienta con objetos y servicios que (se) nos han convertido en necesidad, «artificio». Un ejemplo muy reciente: ser popular en Facebook.

○ ○ ○

El concepto relativamente nuevo de «decrecimiento», contrafigura del progresismo ciego, equivale al de «despojarse», tan medular al Zen. Y la bici parece ser su mejor estandarte.

○ ○ ○

Al padre, ya sin aliento, le duele la cintura de correr a la par de la bici que acaba de comprarle al hijo. «No me sueltes», grita el niño al dejar de percibir la mano paterna en el asiento.

De todos modos, sigue pedaleando. Poco antes de llegar a la esquina, frena, cambia la bici de dirección y arranca de nuevo. Su papá le saluda con la misma mano con que lo sostenía. De un instante a otro, puede andar solo. Y siente algo nuevo: ¿libertad?

○ ○ ○

Cuando soñamos que vamos en una bicicleta, hay tres carriles para entender el mensaje: señala el esfuerzo personal más allá de cualquier otra energía que colabore, asegura la noción de equilibrio y su necesidad de mantener el movimiento, y confirma que el viaje es individual. Las interpretaciones se superponen, bifurcan, entrecruzan, pero lo que permanece es la bici, como símbolo de la evolución en la marcha.

En algunos sueños, su presencia podría entenderse como soledad, psicológica o real, exceso de introversión, egocentrismo o una tendencia al individualismo que impediría la integración social del ciclista. Aunque pueda haber algo de eso, siempre corresponde a una necesidad normal de autonomía. Y hace girar la Rueda del *Dharma*: verdades entendidas como expresiones de la realidad tal como sucede, al margen de expectativas o preferencias personales.

○ ○ ○

«Llamaré suelo a lo que está por debajo de mi mirada… y cielo a lo que está por encima.» Encontré este adhesivo pegado sobre el manillar de una bici estacionada frente a un mercado de productos orgánicos.

o o o

«Lo que me ahorro en pasajes de tren, taxis o combustible, al cabo de un mes hace una diferencia.» Esto lo dice un hombre de mediana edad, mientras esperamos una luz verde. Por su aspecto y el maletín de herramientas que lleva en el portaequipaje, bien puede ser un electricista o alguien que realiza arreglos a domicilio. Anda en una bici de carretera con manillar alto, más gastada que la mía. Termina de hablar mientras está parado sobre el pedal derecho, un instante después se convierte en otro ciclista visto desde atrás.

Todos los vehículos a motor connotan urgencia. El tiempo de reloj domina el tiempo personal. Tiempo externo, con un desde ahora o dentro de media hora que es la cita, hasta la calculada vuelta. Tiempo común a todos, en el que uno entra y sale del tiempo propio. Mi compañero de trabajo, el escritor Juan Carlos Martelli, llamaba «tiempo fuera de horario» al que avanza desde dentro hacia fuera.

o o o

Cada persona necesitaba quince metros cuadrados y una tonelada y media de recursos (metales, plásticos, combustibles). Las metrópolis gastaban fortunas en infraestructuras para que pudieran circular y guardarse. A determinadas horas era más el tiempo que permanecían en espera que avanzando. Aunque no los usaran, costaba mantenerlos y se desvalorizaban. A eso le llamaban confort los habitantes de las primeras décadas del siglo XXI.

○ ○ ○

El ciclista no es un peatón con ruedas, ni un peatón que quiere ir más rápido. Ambos son «tracción a sangre», pero de otra etnia. Y el que va en bici obtiene otro tipo de paz mental que quien va a pie.

Veinte, treinta, cuarenta calles me siguen pareciendo muchas calles. Puedo caminarlas, y con gusto; es más, de tanto en tanto las hago con mi mujer, pero debo (o debe) llevarme, no me nace hacerlo solo.

Cuando me trabo al escribir, cualquier pretexto es válido para salir a dar una vuelta caminando. La mente acompasa la marcha con una respiración rítmica y me permite ver con cierto distanciamiento el texto que tengo entre manos.

Más que al oxígeno, lo atribuyo al «efecto colador»: cada paso zarandea lo atascado por su propia consistencia. Salgo de casa silbando una vieja canción o repitiendo algo que creía olvidado, como si fuera un mantra, y de repente empiezo a ver dónde está el nudo.

El vacío que se crea cuando voy en bici no me sirve para observar desde otro lugar lo que estoy haciendo. Es un estado de apertura hacia delante, hacia nuevas posibilidades. Los pensamientos habituales se salen de cuadro, y en mi mente, liberada de sus condicionamientos, aflora lo que, hasta segundos antes, estaba oculto en el fondo de mi cabeza.

La bici es un placer solitario, pues casi no se habla al andar. Los pensamientos van y vienen, se intercalan con las cosas que uno va viendo. Es muy difícil ver a un ciclista hablando por el móvil.

○ ○ ○

Pedalean y no parecen cansarse. A menudo tienen los oídos tapados por los audífonos, un hábito que en el tránsito urbano puede costar caro. Usan zapatillas All Star, pantalones ajustados, mochila simple, el pelo al viento, gafas. Se suelen ver a toda hora, incluso de noche, por casi todos los carriles para bicicletas y calles de la ciudad. Estudian, trabajan, van a una clase de yoga o a encontrarse con alguien. Andan porque les gusta, viajar en bus les aburre, quieren otros recorridos. Al llegar, les ponen un candado o las meten en las entradas de los edificios. Caras románticas, intelectuales, soñadoras, idealistas. Saben que la cosa viene mal, pero quieren creer. Ahí donde la sabiduría roza lo naíf. Miran con disimulo a los ciclistas, quizás esperando encontrar uno como ellas. Por lo general, van en bicis austeras, sin otro accesorio que el cesto en la parte delantera, donde ubican su bolso. No todas cortan la respiración, pero el andar les da cierto toque estético del que salen favorecidas. Son veinteañeras, y cuando pasan, el paisaje ya no es el mismo.

○ ○ ○

El Zen, su actitud de ayudar a despojarnos de todo lo superfluo que vamos agregando a nuestras vidas en nombre de… (no sé en nombre de qué), su tendencia a simplificar y a no imponer nada, también es un camino reconocido por minorías. Pese a que puede dar otra dimensión a la vida de cualquiera, en cualquier circunstancia y actividad que realice, la mayoría lo mira del otro lado del cristal. Y eso que el Zen también considera viajar en autobús o en metro como una vía posible al despertar.

Ningún maestro verdadero hará nada para atraer o convencer a nadie. Un aforismo, a tono con el estilo paradojal del Zen, sentencia: «Cuando el alumno está preparado, el maestro aparece». Lo primero es el alumno, su deseo de dar el paso, su predisposición. La segunda parte («el maestro aparece») es consecuencia de la primera: está implícita, y viva de ahí en más, en el alumno.

○ ○ ○

Habrá que repetirlo todas las veces que sean necesarias: la vuelta de la bicicleta no es un fenómeno aislado, ni responde solo a que las calles y avenidas han llegado a un punto de saturación. Se inscribe dentro de una serie de transformaciones originadas por tomas de conciencia. Los municipios son conscientes de que la curva de ingreso de vehículos automotores aumenta a la par que la fabricación de más unidades, con los beneficios y trastornos de todo tipo que esto acarrea. La suya es una reacción más que una creación. La de los usuarios: un uso de las libertades aún posibles, algo que no funciona por decreto, sino por animarse.

Le cuento a un amigo «hiperciclista» lo que me pasó un rato antes con mi cliente y lo que indefectiblemente ocurre cada vez que me ve subir las escaleras con la bici al hombro. ¿Temerá que sus empleados se contagien? ¿O es por la imagen poco seria de ese editor que lo asesora? ¿O será por mi vida? No. Lo afecta, creo, verme en el lugar de libertad que me autorizo. Ver que uno de sus pares se da el gusto de volver a usar la bici en la ciudad, como parte de su trabajo, y que encima se divierte. Eso lo pellizca en un punto neurálgico.

Sí, le molesta que yo me lo permita. Que no tema ser diferente; diferente incluso entre los diferentes como él. Se siente confrontado a través de lo corporal. Por el hecho de que le ponga el cuerpo y no solo teorice sobre las posibilidades del fenómeno. De que me exponga no solo a ser atropellado, sino también al ridículo. Quizás teme que se le despierte cierto salvajismo que surge al mover las piernas y genere energía desde el centro bajo. Algo muy primario.

Al soltar el animal, comenta mi amigo «hiperciclista», puede empezar a caerse todo.

> «Lo que en un momento se consideraba rareza
> o desubicación, de repente, sin que nadie pueda explicarse
> cómo ocurrió, se vuelve la alternativa más sensata.»

GREIL MARCUS

En música electrónica se habla de un efecto *boofer*, que, para bien o para mal, crea una tercera fuente de sonido entre dos emisores. En la teoría de los sistemas, se dice que el todo es mayor a la suma de las partes y lo que se agregaría es lo que surge del entrecruzamiento de esas partes.

«Más ciclistas en la calle hace que haya más ciclistas en la calle».

La ciudad como locación

«Más rápido que un paseo a pie, más lento que un tren,
a menudo algo más alto que una persona,
(la bicicleta) se ha convertido en mi ventana panorámica
en gran parte del mundo durante los últimos treinta años.»

DAVID BYRNE

Los que han emigrado y vuelven también ven la ciudad con otros ojos. Para los que vivimos aquí, las fachadas son telones cotidianos, tramas, fondos, no figuras. Nos vamos acostumbrando a que los frentes se vayan uniformando como edificios nuevos, escaparates para alguna tienda, carteleras. Dejamos de ver lo característico de cada lugar, casa, calle, esquina, plaza… y vemos lo plano, el paisaje aplastado por nuestra rutina sumergida en colectivos y automóviles. Vemos con los ojos viejos del que ya nada quiere descubrir.

Durante algunos años, me vi obligado a usar mucho el coche y una o dos veces por semana tenía que atravesar la ciudad en varias direcciones. Le decía vamos a tal lado y el coche iba solo, siempre por los mismos recorridos. Mis mapas internos se reducen a eso: lugares de paso, avenidas principales, gráfica publicitaria, atascos, esperas. Apenas si conozco lo que hay.

«Las ciudades –apunta David Byrne en el prólogo a *Diarios de bicicleta*,– son manifestaciones físicas de nuestras creencias más profundas y de nuestros pensamientos muchas veces inconscientes, no tanto como individuos, sino como el animal social que somos. […] Ir en bicicleta entre todo esto es como navegar por las vías neuronales colectivas de una especie de enorme mente global.»

Vista desde más cerca, no como un bloque indefinido de frentes más o menos uniformes, sino como una diversidad de barrios, la ciudad se vuelve menos anónima, más amiga.

Casa con jardín al frente, pérgola y señora con plumero de mango largo en la mano. No puedo evitar comparar la escena con los frentes de casas y edificios impersonales. El contraste es enorme. Lleva a preguntarse por la elección –o no-elección– de vida que has hecho. Lleva a atravesar la ciudad como quien va ciego por entre las paredes de un laberinto, que de tan conocido pierde su fisonomía.

No es alienación, otredad, disconformidad, extrañeza, aislamiento, absurdo. Ninguna de las palabras que hemos usado en los años previos a la postmodernidad define esto que percibo.

o o o

En el Zen, al meditar o al intentar meditar, pensamientos y preocupaciones recurrentes tienden a llevarnos por esos circuitos marcados por el hábito. La práctica apunta a vaciar la mente de contenidos, a abrirnos a otros recorridos que no frecuentamos, a dejar libre el cursor. Es ahí donde existen verdaderas sorpresas y destellan nuevas ideas, que luego nos hacen decir: «cómo no me di cuenta antes, si era tan obvio». Estaban allí y el ojo de la mente pasaba de largo por los surcos transitados. Cruzar en bici la ciudad y los barrios aledaños produce un efecto diferente que hacerlo en coche o autobús. No se viaja en una cajita de zapatos mirando por los agujeritos, estás dentro de lo que ocurre.

Ver lo mismo desde otra perspectiva. Los que salimos a pasear en bici sin un rumbo fijo y nos dejamos llevar por lo que vemos, comprobamos que, en ciertos barrios que creíamos conocer, existen otros barrios. Restos de los antiguos, nuevas configuraciones, costumbres.

Al ir en bici lentamente, con una visión menos puesta en el lugar a donde vamos, deteniéndonos ante cuanto nos asombra, percibimos detalles que se nos amplían. Pequeños grandes descubrimientos en sí mismos.

o o o

Abrir la atención a todo lo que sucede, mirarlo sin quedar fijado, expandir la visión en lo visto es para el Zen una «presencia mental plena» (*sati*). El maestro vietnamita Thich Nhat Hanh dice que todo acto realizado con la presencia mental plena puede transformarse en un rito, en una ceremonia. Limpiar el dormitorio, sostener una taza de té, mirar por la ventana…; todo puede ser un rito, según sea la actitud que adoptemos cuando lo hagamos.

La palabra rito tiene una connotación quizá demasiado solemne. El Zen la emplea para que el practicante advierta de golpe que el «darse cuenta» (*awarness* en inglés) o el percatarse en forma consciente no es una posibilidad, sino una cuestión de vida o muerte. Un despertar de las tinieblas de la ilusión a la realidad tal cual es.

Obtener una presencia mental plena, a primera vista, parece lo mismo que concentrar la atención, lo que implica abrirnos a la experiencia, agrandar las lentes. La presencia mental es estar en experiencia y ver directamente. Frederick Frank, en *The Zen of Seeing*, la compara con un ojo que no juzga, ni moraliza, ni critica: solo acepta. Al aceptar, ve lo que es. En ese punto, el discernimiento se abre paso y despierta un tercer ojo: el que encuentra que todo está conectado.

La comunidad invisible

«Ser uno y ser parte de un todo mayor es lo mismo.»

FRED DONALDSON

Los intrusos en el tránsito de ayer, hoy somos bandadas, y pronto seremos plaga. Sin hablar y sin tocarnos, nos multiplicamos con naturalidad. Se forman asociaciones, los municipios organizan «bicicleteadas», se trazan redes de carril bici para cruzar la ciudad de norte a sur y de este a oeste, aumenta el número de bicicletas públicas y de estaciones para tomarlas y dejarlas. Se debaten temas de seguridad y conciencia vial, se demarcan lugares para aparcarlas, y algunos municipios hasta financian su compra. Algunas ciudades pequeñas del interior promueven jornadas turístico-ciclísticas y rescatan lugares clásicos. La bicicletería tradicional vuelve a tener un lugar entre las tiendas del barrio. Se organizan festivales de películas en los que la bici tiene algún tipo de rol, la palabra «ciclismo» ya no se asocia solo a las carreras y, cada vez con mayor frecuencia, los medios emplean la expresión cultura ciclista (traducción de *bike culture* y *culture vélo*) para englobar el fenómeno.

En el etcétera de frentes y actividades que van surgiendo en torno de la bici y el ciclismo urbano, algunos fabricantes promueven talleres de mecánica sencilla para niños y adultos como puntapié inicial a la capacitación profesional. Se calcula que el crecimiento demandará doscientos nuevos técnicos en bicicletas por año.

○ ○ ○

«Nunca pensé que esto sería parte de una revolución», me confía, muy circunspecta, una señora que pedalea con mucha gracia sobre una bici de ruedas pequeñas. «¿Qué cómo la llamo? Mi chiquita.» «Vamos, mi chiquita», le dice a menudo.

○ ○ ○

Cuando se cruzan dos ciclistas, se saludan con los ojos, sin sacar la vista del frente. Un segundo. A veces, un parpadeo fugaz. No necesitan conocerse. Ese mínimo gesto es suficiente para corroborar eso que tienen en común y seguir adelante, cada uno con lo suyo.

En otros tiempos, los conductores de automóviles de la misma marca, al cruzarse en la ruta, de noche o de día, se hacían señas con las luces largas. Entre los ciclistas, aunque uno lleve una bici muy bien equipada y el otro una básica más simple imposible, se establece un reconocimiento tácito, pleno de sentidos, que articulan la sensación de pertenecer a la misma corriente. Tampoco necesitan poner palabras a lo que sienten. Al menos en esto, el otro es alguien como uno. Tiene algo en común. Pasó por un mismo lugar (interno), sabe que es posible usar la bicicleta en la ciudad.

Pueden pertenecer a tribus urbanas, sexos, edades, idiosincrasias y entusiasmos diferentes. Pueden estar usando la bici por distintas razones. En todos hay una actitud silenciosa, íntima y, a la vez, sólida: me juego por esta. Me conviene, «va» con una parte de mí.

Más allá del hecho de que las bicis son para un solo pasajero (la ley de tránsito prohíbe llevar otro), en principio su uso tiene que ver con la elección tomada por uno y para sí. Y con frecuencia, contra el criterio temeroso de quienes nos rodean.

De todos modos, vaya entre otros o con otros, uno siempre va solo y casi siempre sin hablar. Piensa y se deja pensar. Los pensamientos van y vienen, se intercalan con lo que vamos viendo. Llega un momento en el que olvidamos que estamos pensando. Hasta dejamos de dialogar con nosotros mismos. Esté donde esté su mente, el ciclista hace el viaje en solitario. Es un solitario.

Solitario no es quien está solo, sino alguien que está consigo mismo. Sin necesidad de respuesta o presencia de algún otro para sentirse acompañado. No teme que lo consideren alguien raro. Es capaz de permanecer con cierta tranquilidad en ese espacio. Más aún, necesita en su vida tiempos como ese.

○ ○ ○

Los budistas tienen una palabra de uso cada vez más frecuente en otros ámbitos: *sangha*. Literalmente puede traducirse como comunidad de practicantes. Por extensión, grupo con una meta, visión o creencia compartida. Las personas no necesitan conocerse, meditar en el mismo *dojo*, seguir al mismo maestro o línea, ni tener el mismo nivel de realización, les alcanza con saber que el otro está en un camino para considerarlo un compañero.

Lo valioso de ese sentido de comunidad es que al sentirse incluido y permitirse incluir a otros por el solo hecho de haberse entregado a un camino, la soledad con que el buscador o practicante emprende su tarea de cada día se inscribe en un campo común, que lo trasciende.

Saber que hay un *sangha* le dice que no está solo, ni a la deriva en una sociedad que tiende a uniformar y dividir más que a unir. Un grupo invisible lo protege, le da sensación de refugio.

El *sangha* de los ciclistas urbanos le recuerda que cada uno es parte de esa red silenciosa, autoconvocada, que se teje hoy en casi todos los pueblos y ciudades del planeta.

Reconocer esa naturaleza en quien tenemos delante es también reconocer la propia.

Los budistas juntan las manos delante del pecho e inclinan levemente el torso y la cabeza. Así saludan a la naturaleza del Buda que hay en la otra persona (*gassho*). Al cruzarse con otro que viene pedaleando, el ciclista lo hace a través de esa mirada fugaz. Ese esbozo de sonrisa es su marca Zen.

○ ○ ○

–¿A quién saludaste?
–Al que iba en bici.
–¿Le conoces?
–No.

Soplando en el viento

Aunque la gran mayoría de los ciclistas no sepa bien qué significa *dharma* (y suela confundirlo con *karma*), hay en sus acciones, por insignificantes que parezcan en relación a todo lo que hay por reformular en el mundo, mucho de su sentido, que es: hacer lo adecuado.

El porqué y el para qué son irrelevantes ante el cómo. Y, en especial, ante el «desde dónde» hacemos lo que hacemos.

Al igual que a todo seguidor del budismo, al principio les cuesta aceptar que muchas acciones, en especial las de carácter social, no se hacen por mero activismo cívico, sino guiadas por una fuerza mayor (el *dharma*). Acciones que se hacen porque se las siente necesarias, sin importar los resultados, las recompensas o quiénes las aprovecharán. Acciones que parecen impulsadas desde nuestro ego, pero responden a llamados de un orden universal de la naturaleza.

Dharma también significa aquello que sostiene o mantiene unido. Por extensión: sustentador, sustentable, sustentabilidad… Conceptos intrínsecos a toda cosmovisión ecológica.

PARTE II:

CELEBRO LA BICI QUE HAY EN TI

LA PRÁCTICA, EL GOCE

2. Andar

Todas las enseñanzas del Zen están representadas
en el sencillo acto de subirse a una bicicleta y empezar a
pedalear. Mantener el equilibrio y una cadencia de movimientos
de ritmo firme y suave activa las ondas cerebrales.
A Einstein, la teoría de la relatividad se le ocurrió mientras
andaba en bici. Créelo o no, pero el ciclismo es un portal hacia
el mismo tipo de libertad que aparece al meditar.

«Ceda el paso. O no lo ceda y láncese con la suficiente decisión como para que se lo ceda a usted el que se le acercaba por la derecha, o por la izquierda, a veces con dirección contraria, en bicicleta o a pie, en una negociación que dura segundos, décimas, en las que solo el novato da un acelerón o se detiene del todo. Casi todo el mundo, con pericia muy semejante, se apresura un poco más o apacigua su avance, de modo que el flujo está cambiando siempre de velocidad y nunca se detiene: un tanteo, un ligero desvío, un apresurar o un ralentizar que determinan un cruce que no se convierte en choque por una fracción de segundo, unos centímetros. Una mezcla de atrevimiento y diferencia a la que el no iniciado se lanza a veces como el cobarde que se tira al agua de cualquier manera, tapándose la nariz, cerrando los ojos. Parte de la destreza del nativo o del habitual consiste en eludir al forastero torpe, en prever a tiempo sus equivocaciones, sus paradas súbitas.»

Antonio Muñoz Molina, «Para un diccionario básico»
(*El País*, 15 de septiembre de 2012)

Pedalea y mira

Sábado por la mañana. Entre las góndolas de un supermercado chino creo ver a un personaje igual al que aparece en la tira cómica de un suplemento dominical. De baja estatura, con el cabello cortado a cero, con cara de sorprendido ante todo, va poniendo productos naturales en su carro y entre ellos está su casco. Al ver que llevo el mío colgado del brazo, comenta: «Usar la bici tiene que ver con todo esto, ¿no?».

Al igual que la bicicleta, el Zen no es método, ni dogma, ni religión. Es un modo de encarar la vida, una experiencia no verbal que permite establecer un mayor contacto con uno mismo. No elimina los temores, las ansiedades, las reacciones, los hábitos, sino que nos muestra cómo obstruyen nuestra esencia.

Andando en bici se aprende algo sobre sí mismo. Es como el espacio donde se practica cualquier arte marcial o actividad artística. El oponente es la actividad misma, la calle, nuestra manera de andar, los descubrimientos que hacemos. Observar los obstáculos (conceptos, palabras, falsas creencias) que nos hacen reiterar viejos hábitos…

○ ◐ ○

En Japón, el concepto de arte trasciende lo estético y la manera de llegar a la creación literaria, pictórica, musical... Arte es la «actitud» con que la persona realiza una actividad, sea artística o de otra índole. Arte es lo que se hace entregado a la experiencia, más allá de los conocimientos técnicos, dejándose llevar a donde lo lleve la actividad misma. Arte como una predisposición inicial para un proceso que va definiendo sus propias reglas a medida que avanza.

En la mayoría de las artes marciales japonesas, esa actitud cifrada en el sufijo *do* (*judo*, *taekwondo*, *aikido*, *kyudo*) agrega al ejercicio el sentido de vía o sendero, es decir, camino a transitar. No por azar fonético, el arte de arreglar las flores (*kado*) y tantas otras actividades terminan con la misma sílaba.

Lo que se considera práctica en el andar en bicicleta es la manera, el «cómo» lo hacemos. La idea de camino no implica llegar a ningún destino, sino lo que se descubre al concretarlo. Al hacer contacto con la manera en que realizamos esa actividad. A los estados mentales que alcanzamos a través de la práctica. A la forma calma y precisa de efectuar todos los movimientos, por insignificantes que nos parezcan. A la mirada que mira al mismo tiempo hacia fuera y hacia dentro.

○ ◐ ○

Considerar el ciclismo urbano también como una práctica, en el sentido que le da el Zen a cualquier deporte no competitivo o al arte, permite aproximarnos a la experiencia desde otra dimensión. Andar en bici sin esperar otra cosa que el mero hecho de hacerlo es como ponerse en movimiento para contrarrestar las tendencias sedentarias, o ir a determinado lugar de manera económica, lo convierte en una forma de práctica introspectiva. Es Zen puro.

En la tradición japonesa y china, los deportes y las artes marciales no tienen como objetivo principal competir y ganar, ni ofrecernos la posibilidad de ser mejor que otros. Los bastones y espadas no se blanden para derrotar adversarios: se usa la certeza de derrotarlos, para no tener necesidad de competir con ellos. No se baila con el fin de ejecutar movimientos rítmicos o proporcionar goce estético a otros, las danzas son prácticas que solo buscan armonizar lo consciente con lo inconsciente, y los diferentes estados energéticos de que estamos hechos.

Allá lejos, en la cuna del Zen, las actividades físicas que los occidentales llamamos deportes son consideradas actos rituales. Las respetan –y honran– como artes. Las artes corporales no significan habilidad deportiva, dominio de lo físico, sino ofrecer el propio físico a ese acto. El sentido no se busca a través de destrezas, sino de ejercicios interiores, cuya finalidad es acceder a la transparencia, la alineación, la entrega a esa fuerza que se desprende del sí mismo, cuando este deja de lado su voluntad y se aúna con los movimientos.

La arquería, deporte tradicional en Japón, postula que el

entrenamiento del tirador no es para afinar la puntería, sino para lograr un desprendimiento natural de la flecha. «Se» dispara y acierta, no porque el arquero haya puesto en línea ojo, flecha, caída por gravedad y blanco. Acierta porque él mismo está en equilibrio, centrado.

Un maestro Zen de ciclismo diría: ande, ande. Haría andar mucho a su discípulo antes de emitir otra palabra. Quizás él fuera en otra bicicleta detrás, observándolo sin influenciar, aguardando alguna señal de que la enorme cantidad de ideas del discípulo ha empezado a diluirse en su propia inconsistencia.

Cuando empezamos a entender que se trata de otra cosa, puede que el maestro vuelva a abrir la boca: «Siga así, sin mirar lo que yo hago».

En japonés, práctica (*shugyo*) es capacitación, formación, entrenamiento. El sánscrito junta dos vocablos que significan andar (*patti*) y de frente (*para* o *prati*). Los chinos, cuando dicen *Xiu xing* se refieren al maestro, como maestro de sí, alguien que completa, cultiva, estudia, actúa y, en definitiva, va. Los griegos, con *practike techne*, remiten a la idea de adquisición por medio de la acción. De acuerdo con el contexto, práctica puede significar en español ensayo, ejercitación, tener experiencia o destreza, realizar habitualmente cierta actividad en que se manifiesta cierta virtud.

Ir en bici es tan sencillo que a la primera o segunda vez que uno se sube a ella sale andando y se olvida de que también está haciendo un entrenamiento interior.

○ ○ ○

En cualquier actividad encarada como un campo para explorar y expresar lo más depurado de uno, el concepto de práctica agrega otra acepción: la posibilidad de equivocarse y reconocer en esa equivocación una señal. ¿Para qué? Para transformarla.

Si no vemos lo que hacemos mal o si no lo aceptamos, si lo rechazamos o si queremos luchar contra el error como si fuera un enemigo, será difícil que podamos transformarlo.

Esta perspectiva de aceptar «lo que ocurre tal cual ocurre», se inscribe dentro de una visión humanista, milenaria y a la vez de vanguardia, en distintos campos que estudian el comportamiento humano. Establece una discriminación radical entre cambiar y transformar. Una pieza se rompe, pero enseguida se cambia, y a otra cosa. Muy bien para una máquina, pero ¿cómo hacer lo mismo con una característica personal? Imposible sacarla y sustituirla mecánicamente con otra nueva. Se la puede bloquear, tener en observación bajo un control más estricto y crear un tejido a su alrededor para que, cuando intente reaparecer, se pueda reprimir. Sin embargo, en algún descuido puede rebelarse y manifestarse bajo otra forma.

Admitir que cada uno es así, que tenemos determinados aspectos que nos disgustan (o no nos lucen) y acercarnos a ellos con amor se da cuando la propia energía de la aceptación nos encamina hacia un lugar más acorde y armónico. Al no buscar cambiar, cambiamos.

Tanto las verdaderas prácticas místicas, como las teorías de la psiquiatría y la psicología se inician a partir de escuchar esa voz interior. Su objetivo es enseñarnos a descubrir que, más allá de nuestros patrones de comportamiento autodestructivos o evitadores de nuestra esencia, vive una entidad sabia a la que conviene escuchar. Lo que en ámbitos de la psicología se denomina inconsciente, o también el niño interior, no difiere demasiado de la idea budista de espíritu o luz.

○ ○ ○

Practicar significa ser por completo uno mismo, aquí y ahora.

- Ser totalmente uno en este instante.
- Ser completamente uno con lo que se hace.
- Ser completamente uno con todos los aspectos de la vida diaria.

En la meditación, la operación fundamental que se realiza es nombrada de varias maneras: no iniciar; no empezar; dejar ir; dar lugar a un pensamiento no sustentado. Si un objetivo tiene, es nada más que el de crear un marco, un encuadre de disciplina, para que se descubra lo que está en el núcleo. De cada uno.

La práctica no tiene comienzo ni fin. El meditador regular, el cinturón negro de cualquier arte marcial y el artista veterano lo saben. El ciclista que nunca deja de practicar, también. Por eso no se queja y repite las mismas rutinas que quien recién empieza a percibir esa interiorización.

Para quienes crecimos con el modelo «si usted hace esto que le recomendamos logrará aquello que busca», la noción de un entrenamiento que puede llevar toda la vida es algo duro de aceptar. Nuestra cabeza quiere asegurarse de antemano que algún día podrá decir llegué. Lleva bastante tiempo admitir que el premio siempre estuvo ahí y es intrínseco a la práctica.

○ ○ ○

Un vecino me recomienda su peluquero. Voy un día a primera hora de la mañana. El local está cerrado. Aguardo apoyado sobre un coche aparcado. A los dos minutos llega un hombre en una bici Specialized para carreras de montaña. Pantalones cortos y camiseta de licra, casco, mochila, gafas de sol, guantes, calzado de ciclista… Saca las llaves, levanta la persiana metálica y entra sin decirme nada. Lo veo subir al entrepiso. Poco después, aparece vestido de una manera informal y me dice: «Pase, por favor». Por el espejo veo la rueda trasera que asoma detrás del biombo de la escalera.

–¿Entrenas? –le pregunto.

–Sí. Yo vivo a veinte kilómetros, todos los días vengo y me vuelvo pedaleando. El coche sobre el que estabas apoyado es el mío, duerme acá.

Al mes, cuando vuelvo, me cuenta que el próximo fin de semana de puente quizás vaya a una carrera en las sierras y despliega un mapa ampliado de Google en el que estudia las curvas, subidas y bajadas. Todavía no está seguro de si podrá ir. Le pregunto si también anda por andar. Los que entrenamos a veces nos olvidamos de bajar al disfrute. Y lee: «Mientras corro, simplemente corro. Como norma, corro en medio del vacío». Levanta la vista y endereza la tapa: Haruki Murakami, *De qué hablo cuando hablo de correr.*

—¿Cómo te fue? —le pregunto al mes siguiente.

—No participé, era demasiado peligroso.

Conciencia de límite.

El eterno presente

«Al andar, la bici está donde la bici no está.»
Transliteración de una antigua paradoja china

Imágenes, abstracciones, no palabras, el camino a tomar, el tiempo que va a llevarnos ese viaje, lo que vamos a hacer allí, resabios de lo que estábamos haciendo unos minutos antes, de una conversación o imágenes mentales, ideas incipientes que sin cesar se asocian con otras, vacíos…

Si se pudiera filmar lo que se proyecta en la mente cuando salimos en bici, por más que vayamos atentos y andemos con cuidado, aparecerían secuencias de ese tipo.

La actividad mental no se interrumpe, pero poco a poco los movimientos de las piernas, las energías que involucran, la vibración que transmiten el manillar y el asiento, el viento sobre el rostro y los brazos van reduciéndola, o haciéndola convivir con otros estados mentales, en especial con un poco frecuente estado de atención a lo que sucede «ahí», en lo inmediato, momento tras momento. Más pensamientos, «andar con la cabeza en otro lado», provocan ese andar egocéntrico de algunos ciclistas que creen estar solos en la calle. Imprevisto, maniobra brusca, caída. Mayor presencia, dejarse fluir en la sucesión de momentos presentes, lleva a una atención flotante.

○ ○ ○

Estar en el aquí y ahora, recomiendan los instructores de cualquier práctica deportiva, y lo mismo, los maestros espirituales. Y eso, aparentemente tan sencillo como caminar, resulta una tarea incontrolable. La voluntad por sí sola no puede tomarse al pie de la letra. No alcanza con decidir poner la mente aquí y pensar que nadie puede moverme de esto. El parloteo, la película, el irse a otro lugar, vuelve al menor descuido e invade la conciencia del ahora. Tan acostumbrada está la mente que ni siquiera lo percibe en el momento.

Aunque queremos permanecer en el presente, todo el tiempo nuestra naturaleza nos pasea por aquí y por allá, sin consultarnos qué deseamos pensar. Además, este preciso instante es un fugitivo permanente, y antes de que podamos fijarlo, ya hay otro, y otro, y otro. ¿Cómo permanecer, entonces, en esa continuidad de «ahoras»?

○ ○ ○

Un monje llega a una aldea y entra en una tienda de telas para preguntar la ubicación del monasterio. Escucha el siguiente diálogo entre el dueño y un cliente:

–Muéstreme las mejores telas que tenga.

–Todo es mejor aquí. No encontrará ninguna que sea la mejor.

Mientras el cliente se aparta para analizar las telas, el mercader pregunta al monje:

–¿Qué puedo ofrecerle?

El monje junta sus manos y dice:

–Quedarme a meditar en su negocio.

○ ○ ○

Tomar conciencia de lo que día a día observamos en automático es la puerta de entrada al Zen.

Mientras pedaleamos, lo que percibimos en nuestro interior, lo primero que aparece es ese sonido plano que hace el aire al entrar y salir por los orificios de la nariz y la boca. Si no estamos muy tensos y podemos acompañarlo, descubrimos que se crea un ritmo. No importa si la respiración es larga o entrecortada, si podemos tomar más aire o si expulsamos todo lo que entró. Empezar a ver con el ojo de la mente hace que distingamos las zonas a las que llega el aire.

La respiración es el mejor pasillo de entrada a esa conexión con el aquí y ahora. Los yogas dicen que al inspirar no solo nos alimentamos con la energía del universo (*prana*), sino que esa energía se reencuentra con la energía del universo que hay en nosotros. De hecho, la respiración consciente muestra a quien la realiza, cómo opera la ley de reciprocidad mente/ *prana*. Cada estado emocional regula un determinado tipo de respiración. Inspiración serena acompaña invariablemente a una actividad mental semejante. Ciclo corto, mente agitada.

Aunque estemos en medio del tránsito podemos hacer el ejercicio de acompañar con la conciencia una cierta cantidad de ciclos de inspiración y exhalación, por ejemplo de diez en diez. O concentrarnos en el pedaleo, o en los ciclos completos de giro de cada pedal. Esto entrena la mente para mantenerse en calma en medio del fuego cruzado entre pensamientos casuales, pensamientos errantes, pensamientos del pasado y pensamientos hacia el futuro.

Conviene hacerlo fijando la atención en cómo entra esa corriente de aire, hasta dónde llega, cómo estira los pulmones y luego en cómo sale, por los lugares que va recorriendo. Antes de llegar al tercer o cuarto ciclo, es posible que nos demos cuenta de que estamos atendiendo a un pensamiento peregrino, chiquito, acerca de lo que hacemos, de nuestra imposibilidad para mantenernos en la cadencia natural, de lo que siempre nos dijeron respecto de la respiración. O puede presentarse un recordatorio del tipo: mañana vence la factura del teléfono y debo poner fondos en tal cuenta. A veces, aparece una secuencia de imágenes errantes, o un pensamiento sobre algún aspecto del trayecto. Uno sigue respirando, e incluso contando seis..., siete..., y, de repente, en algún momento, se da cuenta de que, a pesar de estar concentrado en la respiración, la mente sigue prestándole atención a otras cosas y retirando el foco del aire que entra y sale. No importa, eso es lo que tiene que ocurrir en ese momento: darnos cuenta de que la mente es ingobernable hasta por períodos muy cortos.

Lo primero que descubren los que comienzan a meditar es que la catarata de pensamientos divergentes no se detiene ni un segundo. Esto puede confundir y decepcionar. Algunos llegan al extremo de poner en duda la eficacia de esta práctica, como vía para aprender a concentrarse.

No es que los pensamientos desaparezcan y reaparezcan por obra de la meditación o porque el foco de la conciencia está puesto en la respiración. Es la presencia en el aquí y ahora lo que nos vuelve conscientes. Siempre estuvieron ahí, en otros momentos no los notábamos. Por lo tanto, la experiencia es en sí misma un síntoma de progreso.

Ese darse cuenta es un acercamiento a uno de los momentos más difíciles de percibir en los billones de segundos y pensamientos que componen nuestra vida en este cuerpo: este es el paradojal ahora, del que tanto se ha pensado, dicho, escrito, y que solo se puede apresar como flujo.

Estar en el aquí y ahora, en principio, «es» esa capacidad de observar lo que percibimos, lo que hacemos, lo que ocurre en la mente. Muchas prácticas espirituales se detienen en ese estadio de contemplación, y lo toman como primer paso en el entrenamiento para aprender a observar imperturbables, sin juzgar, ni identificarnos con lo que vemos.

El difícil arte de desarrollar la conciencia testigo no es una tendencia a una mirada indiferente o pasiva. La presenta como una limpieza de condicionamientos y prejuicios que se nos han incorporado de manera subliminal y deforman las percepciones. Lo que está ahí en principio es y no está bien ni mal.

Ese distanciamiento del objeto observado, en vez de separarnos de él, nos integra a la experiencia.

Los maestros Zen son más radicales, ya que dicen que en realidad «somos» ese segundo. ¿Qué otra cosa podríamos ser? Dice uno de ellos. Y este segundo no tiene tiempo ni espacio. No puede ser el mismo segundo de hace cinco minutos. ¿Cómo podría serlo? Vuelve a decir el maestro, mientras sonríe. Soy el aquí. Soy el ahora. No puedo ser el segundo que llegará dentro de diez minutos.

El pasado solo existe en nuestra memoria y de acuerdo con cómo «leímos» los actos que vivimos y con las variaciones que les imprimen los diferentes estados emocionales «desde» los que los recordamos. Queda, sí, como experiencia, como karma (la totalidad de las acciones y sus consecuencias).

Tampoco el futuro ocurre nunca, aunque podamos imaginarlo y ubicar en él proyectos y expectativas. Cuando está a punto de volverse presente, el ahora se lo fagocita y convierte de inmediato en pasado. Podemos hacer previsiones, no «vivir» en el futuro. Somos ahora mismo. Este pie que empuja el pedal. Estas manos en el manillar. Esta mente enloquecida que se resiste a dejarse llevar por la experiencia Zen de las dos ruedas.

Somos este momento. Este momento es todo lo que tenemos, aunque nos parezca inasible.

Si ni pasado, ni futuro, ni presente existen tal como los conciben nuestros sentidos (espacio y tiempo serían una ilusión: *maya*), tampoco nunca es ahora. Y al mismo tiempo lo es, porque vivimos en la sucesión de esos momentos ínfimos. En definitiva, ese ahora inasible es el único tiempo real y lo que busca la práctica es reubicarnos en la dimensión de ese presente permanente.

Siempre es ahora.

El aquí puede estar en cualquier parte, es el preciso lugar donde nos encontramos. El aquí viaja con nosotros a donde vayamos. Cada uno tiene su aquí personal en cada momento presente; el maestro vuelve a sonreír y dice: «Nunca nadie puede estar en el aquí de otro».

○ ○ ○

Salimos del trabajo cerca de la medianoche, llueve como suele llover en Londres. Lola, una compañera que anda en una bici Hamilton de hombre, con caño doble, se acerca a la reja donde la tiene amarrada y comprueba que el candado está bien cerrado sobre la cadena. Sin más, se mete en la estación Leicester Square. Al día siguiente, le pregunto si no es un riesgo dejarla toda la noche en la calle.

–Sí, me dice.

–¿Y si te la roban?

–Me la roban, –me responde. Y añade–: No es la única bicicleta.

○ ○ ○

Cuando regreso a casa, después de haber hecho mis diligencias, siento que tengo la mente ocupada en estas cuestiones. En eso, se me viene encima otro ciclista que circula en la dirección contraria por el carril bici. Por más que atino a esquivarlo y freno, ambos terminamos en el suelo. Nos disculpamos. Vemos que no pasó nada grave, seguimos cada uno por su lado. Pienso: los errores son parte del proceso, pudimos preverlo, imposible mantenernos todo el tiempo en el aquí y ahora. Ese segundo de distracción pudo haberme costado la vida. La caída es parte indispensable del camino.

○ ○ ○

Llega al semáforo erguido sobre los pedales, con la idea de pasar si no viene nadie por la transversal. Como ve que los coches se acercan a gran velocidad, se queda dando vueltas en círculo delante de los que esperamos. Ronda los treinta años. Pelo rizado y bermudas con flecos. Su bici es un cruce desproporcionado de cuadro *free-style*, ruedas grandes y anchas, y manillar *chopper* vertical. Sin perder el equilibrio, después de cuatro o cinco vueltas, cada vez más cerradas, en cuanto la luz cambia al amarillo, sale rápido, siempre de pie sobre los pedales.

Hacer contacto

Quienes mejor se llevan con el aquí y ahora son los sentidos. Mientras la mente arrasa por irse al pasado y/o al futuro, la vista, el oído, el olfato, el tacto y el gusto perciben el presente como experiencia directa. Cuando por alguno de estos canales apreciamos sutilezas en lo que vemos, oímos, inspiramos, etc., el diálogo (o parloteo) interno se detiene, mientras la atención se mantiene en ese contacto.

Unos meses atrás, una tarde en que paseábamos en bici por un bosque que rodea el lago de un campo de golf, mi mujer me propone salir del pavimento e ir por la hierba. Vamos a la velocidad necesaria para mantener el equilibrio, cuando me dice: «Permite que todo aquello que ves penetre en tus ojos. Recibe los colores, las formas y los movimientos de lo que está a la vista. Trata de decir: aquello que veo viene a mí… Mis retinas reciben sin esfuerzo… No busco las imágenes, solo dejo que todo aquello que percibo entre en mí a través de mis pupilas… Veo el presente».

Entre una y otra consigna deja pasar casi un minuto. Extraña armonía la que se produce: lo que veo parece haberse detenido en el tiempo y el tiempo parece haberse detenido en lo que veo, mi conciencia incluida. Unos minutos antes, veía solo un cuarenta por ciento. No miraba, pasaba de largo. Pocas veces había distinguido la cantidad de verdes que hay en los árboles. Sigue: «Ahora tomo conciencia de mis conductos auditivos. Cada ruido, cada sonido llega a mí sin hacer más que volver consciente mi receptividad auditiva. Me abro a escuchar».

A medida que voy prestando más atención aparecen una variedad de sonidos y voces (desde lo más cercano hasta lo más alejado), siento hasta la vibración que producen al entrar por mis oídos. Es como haber quitado un filtro, que me había puesto, entre lo que escucho y lo que quiero oír. Umbral auditivo, lo llaman. Ese umbral reproduce otros umbrales en otros canales de percepción. Sobre ese flujo de sonidos de fondo, pasados a primer plano, la voz de ella adopta otra textura cuando dice: «Mientras veo y escucho, también huelo. Percibo el aire y los olores que entran por mi nariz».

La respiración eclipsa la visión y lo que escucho. Apenas unos segundos. Una vez que el aire entra y cesa el eco de su paso por los conductos nasales, hace que aprecie más detalles en lo que veo y oigo. Alerta a irregularidades del terreno, a otras bicis y caminantes, una sinfonía de datos perceptivos me conecta con el momento y el lugar. Ella continúa: «Mis sentidos disponibles me permiten estar receptivo. Puedo sentir ahora desde mi piel. El viento en la cara, el frío en las manos, el calor en la espalda abrigada, el sol, la sombra, la transpiración».

En un momento me distraigo y no puedo evitar pensar que este ejercicio podría ser útil a muchos ciclistas. No como una meditación, más bien como un entrenamiento para aquietar la mente. Luego agrega: «Veo, oigo, huelo, siento en mi piel y percibo mi cuerpo. Los movimientos que hago…». ¿Hay tensión en mis hombros? ¿Siento activos mis tobillos? ¿Estoy cansado? ¿Cómo está mi respiración? ¿Hay algún sabor en mi boca? ¿Tengo sed?

Esos pequeños «darme cuenta» establecen una relación más intensa entre el afuera y el adentro. Otra conciencia. En todo mi cuerpo, en todo mi ser, siento que hay un cambio de canal. Hasta el pedaleo parece diferente. Si todos mis sentidos están en este aquí y ahora, yo estoy receptivo. «No necesito hacer más que estar en este presente y agradecerlo», me dice ella.

En el resto del paseo, ese alto estado de receptividad se va decantando. Otros días, solo, vuelvo a repetir el ejercicio.

Sin ir más lejos

«El único Zen que encuentras en las altas cumbres
es el que tú llevas.»

ROBERT PIRSIG

El ciclismo no es un arte milenario como la arquería, cargada de simbolismos que reflejan lo más profundo de la filosofía budista: la búsqueda del centro interno a través de la práctica de un equilibrio externo. Sin embargo, cada vez que subimos a la bici, conscientes o no, se nos abre una puerta para mantener viva esa alineación. Al mismo tiempo, ir en bici es una puerta de vaivén para llegar a ese lugar.

Tan fácil como andar en bici es distraerse y perder el estado de concentración. Lo primero que recomiendan los maestros de arquería es tener presente que no es uno quien se concentra, sino sus facultades mentales.

Hecha esta salvedad, a nuestra mente le resulta más fácil entrar en ritmos que le facilitan autorregularse y procesar información a través de módulos automáticos, no conscientes, que permiten a los sistemas neuronales tomar decisiones sin que la conciencia tenga que vérselas con los diez millones de pasos que intervienen en cualquier acto mínimo. Hablar, mover las manos… Si debiéramos realizar de manera consciente todas las operaciones involucradas en contrabalancear, pedalear, elegir la huella, atender al tránsito, etc., es seguro que perderíamos el equilibrio. Como el cuento del ciempiés, cuando le preguntan cómo hace para caminar, no sabe qué responder, ni logra avanzar.

Si pedaleamos entre los árboles, pedaleamos con la serenidad que hay entre los árboles. Si vamos entre los coches, vamos entre los coches y la actitud es diferente: los autos son parte de nuestro trayecto. No somos solo alguien aislado entre los coches: somos una relación hombre-bici-coches, y la mente lo percibe. Es ella la que los liga.

Dejar que por la mente pase lo que vamos viendo/percibiendo, dejar entrar esas imágenes por lo que son, sin hacer ningún comentario, ni interpretación. Como si las viéramos por primera vez, y al mismo tiempo sin quedar adheridos a su recuerdo, es decir, dejando que las nuevas imágenes las vayan desplazando y vayan ocupando ese lugar en el asombro. Todo esto crea el tipo de concentración necesaria para mantenernos en un aquí y ahora discreto.

Dentro de todos los riesgos, algo juega a nuestro favor, ya que nuestros ojos suelen quedar por encima de los techos de los coches. Pueden, entonces, ver lo que ocurre un poco más allá, prever sus maniobras, y otros estímulos alrededor. La contra de esa mirada que se extiende de forma horizontal más que vertical es que no abarca nuestras manos y codos –nuestros límites laterales– y tiende a no ver que el ancho de nuestro esquema corporal está dado por las puntas del manillar.

La mayoría de los choques y las caídas no son consecuencia de llevarnos algo por delante. Los golpes suelen venir de los costados. Uno de los más frecuentes se da cuando, al adelantar por el corredor formado entre la fila de autos aparcados y los que aguardan a que el semáforo les dé paso, la mirada hacia delante descuida esa protuberancia que asoma en los coches justo a la altura del manillar: los espejos retrovisores laterales.

En general, el espacio que dejan libre los coches permite pasar, pero siempre hay alguno que angosta el pasadizo. Por no frenar, ni perder el impulso, solemos pasar entre ellos mirando hacia delante. El menor roce a un espejo hace que el manillar se trabe y que se desvíe la rueda delantera, lo que nos arroja sobre el auto, que si avanza en ese momento, nos arrastrará en la caída.

Ser parte del tránsito implica también calcular que el espacio necesario para circular debe ser por lo menos quince o veinte centímetros más ancho que el manillar.

○ ○ ○

Mirar solo al blanco no es lo que enseñan los maestros de arquería. Ningún proceso es meramente lineal. En el mejor de los casos, el arquero abre un camino dentro de sí para que desde lo más profundo de sí salga una energía dirigida hacia un blanco. En su viaje, la flecha refleja una simultaneidad de procesos o relaciones del arquero. La práctica de dejarse atravesar por esa energía apunta, primero, al propio centro: a abrir un espacio dentro de uno mismo para que esa energía fluya. Sin diferenciar entre lo que «se dispare» de su interior y del «dispararse» de la flecha.

Para el ciclista, entrar y salir de esa realidad es mantenerse centrado en lo que está haciendo y en su entorno. Eso es lo que ocurre: va sin mirar a ningún punto en particular, pero es suficiente que algo se mueva en el paisaje para que lo perciba.

Al concentrarnos, obtenemos una visión ampliada, que a su vez amplía nuestra conciencia. Aunque no parezca que estamos concentrados en cada detalle, un piloto en nosotros está atento. Se nos activa una fuerza mental más allá del pensamiento lógico. La percepción reemplaza al razonamiento. Es difícil explicar más, ya que solo podemos experimentarlo en el silencio de ese aquí y ahora. Captar lo que ocurre, recién lo captamos al bajar de la bicicleta.

El punto de encaje

«La vida es como la bicicleta,
hay que avanzar para no caerse.»

ALBERT EINSTEIN

Sola, sin alguien arriba, se cae. Se puede trabar el manillar, dar un fuerte empujón y soltarla, y seguirá unos metros en línea recta, como cuando se echa a rodar una moneda. Cuando se acaba el empuje, deja de mantenerse en equilibrio, se ladea hacia un costado, se dobla la rueda delantera y enseguida cae; a veces, las ruedas siguen girando en el aire. Mientras uno espera que el semáforo dé paso, ocurre lo mismo: la falta de movimiento obliga a sacar un pie del pedal y crear un tercer apoyo sobre el suelo.

El equilibro no es de la bici, ni solo del permanecer en marcha: nace y es mantenido por quien va encima. El que la impulsa, balancea, regula su velocidad e indica por dónde ir.

Casi ningún ciclista piensa, ni sabe conceptualmente, de

dónde surge ese equilibrio que él mismo logra al poner la bicicleta en movimiento: al igual que el caminar, el equilibrio de la bicicleta se produce, aunque parezca mentira, por un desequilibrio.

En el momento en que damos un paso al frente, hacemos una imperceptible inclinación del cuerpo hacia delante para que este salga de ese campo de equilibrio que nos da el estar parados sobre las dos piernas y pies. Ese dejarnos caer levemente hacia delante, muy controlado por los sistemas de regulación y equilibrio cerebrales, es una de las dinámicas que nos hacen avanzar. Primero una pierna, después la otra, los pasos van aguantando esas pequeñas caídas… Antes de que nos estabilicemos, la otra pierna ya está aprovechando ese desplazamiento al frente del centro de gravedad, para dar otro paso.

Si pudiéramos ubicar un lugar del cuerpo al que anudándole una cuerda nos permitiera colgarnos, y mantenernos estables en cualquier posición, habríamos encontrado nuestro centro de gravedad. Si ese punto interior donde se integra toda nuestra masa se aloja sobre una superficie de apoyo, estamos en equilibrio.

Cuando ese centro de gravedad se sube a una bicicleta, en principio hay dos centros de gravedad, el de la bici y el propio. La línea, que forman ambos puntos al coincidir con la vertical de las dos ruedas, da las condiciones básicas para que, al ponerse en movimiento, se establezca un equilibrio.

Salvo que fuéramos corriendo a su lado y de repente diéramos un salto de jinete para montarnos andando y siguiéramos gracias al impulso, lo que sostiene ese equilibrio es el desequilibrio que surge de poner el peso o hacer presión primero sobre uno de los pedales y, enseguida, sobre el otro. Ese caernos hacia delante sobre los pedales, o el pedaleo, no solo nos hace avanzar, sino que crea la condición angular para que de las ruedas «salga» una fuerza centrípeta, como la de la moneda echada a rodar, y ofrezca al cuerpo condiciones de equilibrio básicas. El resto es tarea del hipotálamo.

Desplazar hacia un costado cualquiera de los tres centros de gravedad –el del ciclista, el de la bici y el de ambos– quiebra apenas ese campo de equilibrio. No hay caída: la inclinación se traduce en que, sin necesidad de torcer el manillar, la bici gira. Todo ciclista usa ese recurso sin necesidad de comprender las leyes físicas que lo determinan.

A los niños pequeños se les ponen estabilizadores en la rueda trasera para facilitarles encontrar ese punto maestro, sin que se caigan. Cuando se familiarizan con él, suelen andar con las ruedas del estabilizador en el aire, sin que toquen el suelo. De ese momento en que los papás nos atrevemos a sacarles los estabilizadores, un biólogo diría: «Ya se reencontró con los sistemas que provocan el equilibrio en su cuerpo». Un maestro Zen iría más lejos: «El equilibro ya entró en su cuerpo».

El ciclista lo mantiene sin pensarlo. Al igual que el caminar, andar en bici se vuelve un acto reflejo. Cuando el centro de la persona está justo sobre la base de sustentación, canales auditivos le indican que no debe hacer nada; si está más sobre un lado que sobre el otro, se compensan automáticamente. Cuando uno se ladea y estira la cabeza hacia un lado para ver si puede pasar un auto, brazos y piernas hacen que la bici se incline hacia el opuesto y así contrabalancean. La señal va directamente al cerebro y vuelve como respuesta motriz a los músculos. El contrapeso no se decide, «ocurre» sin que medie nuestra intervención consciente. Infinidad de maniobras surgen de esa doble vía de pulsiones.

○ ○ ○

Muchas veces en algunas calles, el carril bici está en la acera. Un vecino en el bar nos cuenta que hay dos escuelas cerca, y que todos los días pasa por ahí. A la hora de entrada y de salida, las mamás esperan en grupos y casi todos los ciclistas nos bajamos de la bici o vamos por la calle. Hace un rato, en un instante que puede haber durado dos, tres segundos…, de repente, una niñita salió corriendo hacia el coche donde la esperaba su madre con la puerta abierta. Sin pensarlo, eché el cuerpo hacia el lado de la escuela, pero podría haberla atrope-llado. Le pregunto:

–¿Nunca habías visto los tres carteles que dicen: ciclista circule con precaución?

No –contesta.

¿Quién hizo la maniobra? Un yo que no corresponde a la noción de ego o a la función que la psicología clásica atribuye al sujeto. Cuando dice yo, el Zen se refiere a la confluencia entre una conciencia personal, propia, y otra mayor, universal, que llama presencia. Una instancia en que los procesos mentales dejan la respuesta al cerebro frontal y pensamos sin pensar, desde el trasfondo del no pensamiento o, como dicen las teorías que no separan mente y cuerpo: pensamos con el cuerpo, como estructura y como proceso de integración energética.

La conciencia es corporal. Soy este cuerpo, que es mi yo, por él pasa mi estar presente. En esa inmediatez, lo regulan mecanismos integradores surgidos del hipotálamo, no del cerebro frontal. Como esas reacciones no son conscientes, nos parecen automáticas.

○ ○ ○

La práctica desarrolla en el ciclista esa capacidad para tener actos reflejos: recibir información sensorial, producir respuestas motrices al instante, tanto ante requerimientos conocidos como ante requerimientos nuevos. Esa misma práctica nos entrena para reaccionar antes de que podamos pensar: «¿Y ahora qué hago?».

¿Por qué resulta tan fácil andar en bici? Porque el mecanismo para movernos se basa en leyes similares a las que nos facilitan caminar. Porque la estabilidad es regulada por procesos biológicos afines. Porque la bicicleta fue concebida como una prolongación de nuestro cuerpo, un multiplicador y máximo aprovechador de las potencialidades que traemos incorporadas de fábrica.

Umberto Eco dice que los espejos pueden ser considerados prótesis oculares que nos permiten ver cosas que de otra forma no podríamos, como vernos a nosotros mismos. En el mismo sentido, las bicis serían prótesis ambulatorias que nos permiten otros desempeños, recorrer otras longitudes con otros gastos de energía, velocidades, etc., imposibles de lograr por la propia anatomía.

¿Qué nos hace perder el equilibrio? Ninguna de las causas es culpa directa de la bicicleta. Todas surgen de algún tipo de falla humana. Problemas por no haber escuchado a tiempo sus pedidos de mantenimiento, problemas de la superficie por donde pasan las ruedas, distracción (la actividad mental eclipsada por pensamientos ajenos al aquí y ahora), vicios en la forma de ir en bici y, en especial, por problemas surgidos de un comportamiento urbano inadecuado, propio y de terceros.

○ ○ ○

Siempre que le preguntaban: «¿Cómo está?», el maestro respondía: «Muy bien». Una vez, un alumno quiso saber qué hacía para estar siempre bien.

–¿Nunca le sienta nada mal? –le preguntó.

–¡Oh, sí! –replicó el maestro–, pero aun así, nunca dejo de estar bien.

A simple vista, pareciera que el maestro se construyó una burbuja, o una coraza alrededor del estar bien, que nada puede atravesar para desestabilizarlo. Comportamiento negador, evitativo, diagnosticaría cualquier psicólogo tradicional. Sonrisa pintada en la cara de un muñeco. Indiferencia… Otra lectura es entender que cuando dice: «Estoy muy bien», habla desde un núcleo de sí muy armónico. Si algo está mal fuera de ese núcleo, «allí» él sigue estando bien. Es como si un giróscopo mantuviera su autoconciencia en equilibrio continuo: mientras la rueda siga girando, esté en la posición que esté, se sostiene en su eje.

El Zen vincula ese equilibrio con el concepto de ecuanimidad: permanecer en los acontecimientos sin descentrarnos, ni perder la calma. Ojos y oídos imperturbables ante los cambios permanentes. Sin nada de donde sujetarnos…

El equilibrio que nos pide la bici también es dinámico, cambia imperceptible y continuamente. La postura que tengo ahora necesita ir ajustándose a cada situación. Imposible mantener el equilibrio aferrándonos a él como si fuera una baranda. Como en toda práctica, el equilibrio resulta de un «cómo» interior, no un de un «por qué», ni de una forma exterior a la que deba adecuarse.

Permitir que ocurra

«Es fácil sentir la calma en la inactividad,
lo difícil es sentirla en la actividad.
La calma en la actividad es la verdadera calma.»

SHUNYU

El ochenta y cinco por ciento o más del propio peso se apoya en el asiento, y cuando nos echamos hacia delante, entre un diez y un quince por ciento lo hace sobre el manillar. Al subirnos a la bici, literalmente les quitamos ese peso de encima a las piernas, las liberamos de su propio peso y, por si fuera poco, las ponemos en situación de aprovechar al máximo sus músculos para la propulsión (una parte imperceptible también contribuye a mantener el equilibrio). Algo más a su favor: el movimiento circular que nos piden los pedales parece hecho a la medida de las articulaciones de la cadera, las rodillas y los tobillos. Las piernas solo deben romper la resistencia que ese peso ejerce sobre los puntos de rozamiento de los ejes. Al pedalear gastamos 0,15 calorías por gramo por kilómetro, a una velocidad media y sin forzarnos. En cambio, al caminar, 0,77. En principio, ir en bicicleta es una tarea cinco veces más liviana, o que nos insume cinco veces menos energía.

Ciclistas y caminantes obtenemos energía de lo que comemos y del rendimiento de nuestros músculos. Cuando ejercemos de a poco mucha fuerza contra una fuerte resistencia (por ejemplo, al remar contra la corriente) o cuando ejercemos rápido una pequeña fuerza sin resistencia apreciable (un puñetazo en el vacío), obtenemos un bajo rendimiento. Sin embargo, entre ambos extremos, existe un rendimiento óptimo, que sobre la bici se consigue ajustando constantemente la relación de marchas (cambios). Es decir, ajustando la fuerza y los ritmos del pedaleo en función del esfuerzo que debemos realizar, que depende del viento, de la pendiente y de la velocidad.

El pedaleo nos hace usar la masa muscular más potente del cuerpo: los muslos, ya que las piernas funcionan como bielas.

En reposo, necesitamos unos 150 vatios para vivir. Cuando la calle es en subida, debemos vencer la gravedad e inyectar una potencia proporcional a nuestro peso más el de la bici y al número de metros de desnivel que recorremos por segundo. Si la cuesta es del diez por ciento, y pesamos sesenta y cinco kilos sobre una bici de diez kilos, necesitamos gastar 150 vatios extras solo para vencer la gravedad, si quisiéramos ir a veintiséis kilómetros por hora. Sobre terreno llano y a velocidad constante, el peso apenas cuenta.

El caminante necesita subir y bajar su cuerpo en cada paso

(quienes practican la marcha atlética intentan limitar estos esfuerzos inútiles). Por el contrario, el ciclista permanece sentado, siempre a la misma altura.

Nada de este ahorro es comparable a la ayuda de la inercia que surge de ir en bicicleta. Dejamos de pedalear y seguimos avanzando, como si fuéramos en punto muerto. Al principio, casi a la misma velocidad, luego a menos hasta que se acaba. Una vez que logramos la velocidad de crucero, solo pedaleamos para mantener esa inercia. Entonces, ochenta o más kilos parecen tres o cuatro.

Todo ciclista se aprovecha de esa ayuda y descansa los músculos unos segundos. Si la superficie no tiene declive y debe reducir la velocidad en cada esquina, lo hace simplemente dejando de pedalear unos cuantos metros antes, y ni siquiera toca el freno. Si la calle tiene declive, deja de mover las piernas y aprovecha la inmovilidad para afinar el oído y escuchar los rodamientos. La conciencia de inercia se incorpora y automatiza rápido, casi desde que aprendemos a montar en bici.

○ ○ ○

El Zen resignifica la inercia como el río de la vida. Una serie de fuerzas y corrientes del universo fluyen con naturalidad dentro y fuera de los cuerpos físicos, así que solo se trataría de dejarse llevar.

Tal como los juncos se inclinan hacia donde sopla el viento, la vida misma suele darnos un impulso y nuestra tarea solo consiste en no oponer resistencias. En el caso del ciclista, solo se trata de no mover las piernas más de lo necesario, no derrochar fuerzas, no pedalear de más.

El escritor alemán Herman Hesse fue uno de los primeros occidentales en entender esa metáfora del río de la vida. En *Siddharta* (1922), con la figura de Vasudeva, el barquero que lleva y trae a los que necesitan cruzar el río, expresa ese «solo hacer lo que haga falta». Alguien necesita cruzar el río de la vida, él hunde los remos en la posición correcta para que el bote aproveche el impulso de la corriente y se vaya desviando hacia la otra orilla. No rema a favor ni en contra de la corriente, rema con ella. El esfuerzo correcto elimina lo que está de más, el artificio.

«Creo que tú eres Buda, porque has seguido tu propio camino», con estas palabras se despide Siddharta del Buda.

○ ○ ○

«En la bici, todo parece más cerca», dice Moisés, el marido de la farmacéutica del barrio. Desde hace treinta años, llegan todos los días en sus Mister japonesas, que imitan a las inglesas antiguas. Con él me cruzo por otros barrios haciendo trámites. Algunas veces encadenamos nuestras bicis en el mismo poste de luz frente al banco. La suya tiene dos alforjas cuadradas, rarísimas. Según dice, eran las mochilas de sus hijos.

○ ○ ○

Esa fuerza cero que a menudo nos piden los pedales y el hecho de que la bici tienda por sí sola a ir recta se asocian al principio taoísta de *wu wei*, actuar solo cuando hay que actuar. Acción en la no acción. Quietud creativa. Mantener el juego. Saber que aunque no hagamos nada, siempre estamos o «se está» haciendo algo.

«Dejar fluir» suele confundirse con «dejarse estar». Así, inercia con «actuar por inercia» en el sentido de ir a donde nos lleva la corriente.

Wu wei alude a un hacer sin esfuerzo, manteniendo la armonía. El sentido de economía, disponer solo de lo imprescindible, es lo que crea esa armonía. No abundar ni oponer resistencia a las fuerzas naturales, actuar solo cuando es imprescindible hacerlo. Hacer el esfuerzo correcto, en la dirección correcta, en el momento correcto.

Wu wei tampoco supone no pensar, sino percibir ese orden dentro de todo, lo micro y lo macro. Estar disponible para lo que el camino nos pida en cada tramo. Ante los conflictos, vencer sin combatir. En lo vincular, responder sin hablar. En lo energético, atraer sin llamar. En lo cotidiano, actuar sin agitarse.

Fluir sin influir.
Vivir sin interrumpir otros procesos.
Favorecer sin impedir.
No empujar el río.
Deshacerse de lo que está de más.

«Que a todo se le permita hacer lo que naturalmente hace para que su naturaleza quede satisfecha», escribe Chuang-tzu.

Sobre la bicicleta, no significa renunciar al pedaleo, sino armonizarlo en relación con otros procesos existentes: lograr y mantener ese andar que de tan sereno «casi no se delata a sí mismo».

Sin intención

«Ando en bici, solo por placer», muchos lo dicen y son sinceros.

Cuidado, advierte Alan Watts, en la palabra «placer» se bifurcan dos sentidos. La idea de hacer algo solo por placer, por un lado, quita significación al hecho, haciéndolo parecer algo trivial. En ese caso, quizás, en vez de placer, más preciso sería decir: ando para vivir de la mejor manera. También, Watts señala otro sentido de placer que dista de ser trivial y es el que se desprende de hacer algo de la mejor manera. La posibilidad abarca casi todo el arco de las actividades humanas. Tocar un instrumento musical, preparar una comida, jugar al tenis, hacer una cirugía o un implante dental, reparar un motor, tejer, criar a un hijo, colocar ladrillos, diseñar *software*... Todo cuanto hagamos desplegando nuestro conocimiento técnico y al mismo tiempo entregados a la acción, concentrados en la tarea que tenemos por delante al punto de no pensar en otra cosa, nos genera un estado de plenitud. Creer que ese placer viene solo de lo que hacemos o de poder hacerlo es una manera simple de explicarlo. Oculta otra, mucho más enriquecedora, que se expresa durante la acción: el estado que nos da ser un instrumento por el cual circula la energía, sin trabas, hacia donde debe ir. Luego, el haber servido para que esa energía transitara por nosotros, deja también una sensación de placer.

La energía vital toma nuestro cuerpo y hace la tarea sin que nos demos cuenta. Un flujo de energía recorre nuestras neuronas y células sin nuestra intervención y sin que podamos interferirla. Al concluir y reconocer el estado en que nos deja, sentimos una mezcla de satisfacción, alivio y vacío. Estamos libres para otra cosa, disponibles.

El placer de haber sido el vehículo que facilitó esa acción deja al cuerpo satisfecho. Ni siquiera hace falta estar consciente de ello para que ocurra.

A ese ritual en que se convierte toda actividad hecha desde este nivel de entrega, involucramiento e impecabilidad, los japoneses lo llaman arte. El arte de la caligrafía, el arte del arreglo floral, el arte de servir el té, el arte de la guerra, las artes marciales. Arte no conlleva, como en Occidente, la idea de obra de arte, literaria, musical, pictórica, sino el sentido de maestría. Actividad hecha con maestría.

Una práctica puede ser cualquier cosa que se practique como parte integral de nuestra vida, no para conseguir hacerlo mejor, sino por sí misma. Los artistas de este arte no lo hacen para perfeccionarse, sino porque aman lo que hacen y por eso son los mejores.

La finalidad de practicar cualquier actividad desde esta perspectiva de arte no es descubrir quién es uno, como en las psicoterapias, sino hacer que uno se convierta en su propia verdad, ser capaz de despojarse de todo autoengaño, impostura, vanidad, tanto frente a sí mismo como en relación con los demás. El verdadero arte no es una satisfacción de un ego pequeño, sino una manifestación de un yo que lo trasciende y se encuentra con un no yo.

La ignorancia o el error de percepción se manifiestan en el concepto de yo creado por la mente humana, en el intento de conocerse a sí misma y en el atávico apego emocional a esa idea.

Una de las primeras cosas que un humano recién nacido necesita aprender por imposición cultural es la diferenciación entre yo y no yo. Debe aprender a definir el yo y, a partir de ahí, a considerarlo una entidad inmutable, siempre opuesta al no yo.

Lo que no sabe el bebé y olvida el hombre adulto es que ningún yo puede sobrevivir sin eso que llamamos no yo. No hay separación entre el yo y el no yo, hay una continuidad que desdibuja todo límite. Se trata de un error de percepción: lo otro es la parte de sí mismo, que permanece oculta en la sombra de la ignorancia.

El monje budista Walpola Rahula habla de un yo que emerge en los períodos en que la percepción no es dominada por ningún anhelo. Y se experimenta como un darse cuenta eterno, inmodificable, indeformable. Un centro que es testigo de todos los eventos, exteriores e interiores. Es, explica Rahula, el yo del yo que soy.

Al fusionarse en profundidad con la experiencia de lo que

se está haciendo (en las actividades más diversas), muchos manifiestan entrar en estados similares al arrebato místico.

o o o

Enfrentarnos con la presencia de ese no yo, o yo impersonal que pudo haber ocupado nuestra conciencia, es un puñetazo al corazón de las creencias e ideas acerca del yo que tenemos los occidentales.

Es posible que sea el tramo más difícil de aceptar para los que nacimos y nos criamos en una sociedad en la que el hacer está intrínsecamente ligado a su resultado; el trabajo o la actividad al esfuerzo y el goce a lo que recibimos.

En el caso concreto de los que andamos en bicicleta, el aprendizaje es vincular la experiencia a un sentido de placer más amplio. Registrar sensorial y conscientemente que eso que «se» desprende y «nos» desprende de la tarea es al mismo tiempo lo que nos «re-une» con ella. Dar paso a la energía es lo que nos da vida.

Una práctica consciente

«Este tipo de libertad es precisamente
lo opuesto a "cualquier cosa".»

Stephen Nachmanovitch

A veces, no me queda otra alternativa que ir por la acera. Con la cadena en el engranaje más pequeño del plato y en el mayor del piñón, pedaleo como para una carrera y avanzo casi a paso de hombre. En uno de esos viajes, me obstruye el paso una señora que sale del colegio con dos niñas. Ellas no me ven, así que desde lejos grito: «Permiiiso». La señora acerca las niñas hacia sí y me dice: «Disculpe». Respondo: «Gracias», en lugar de decirle: «Soy yo quien debería pedirle disculpas».

Ayer, mientras esperaba que cambiara el semáforo para cruzar, veo que una muchacha pasa por encima de un nuevo separador de tránsito, hace unos metros en la dirección contraria, aprovecha que todavía tintinea el rojo del semáforo para peatones y se mete entre ellos. Del otro lado, no viene ningún coche, ni autobús. Ella cruza y gira. Un auto que llega por la calle perpendicular, también gira con la luz amarilla. Gracias a que el conductor clava los frenos, la bici lo pasa rozando. Ella no deja de pedalear, sigue rápido, como si nada, mirando hacia delante.

No la acuso, yo también solía hacer maniobras similares, crearme atajos donde podía, pasar semáforos en rojo cuando no veía venir a nadie por la otra calle, infinidad de pequeñas incorrecciones intrascendentes.

Me justificaba ante mí diciendo: «No me pongo, ni pongo en riesgo a nadie». Lo hacía por impulso, como si el impulso no respondiera a ninguna estructura interna, pero quebraba un código. Y pese a que lo sabía, no podía dejar de hacerlo. Solo quiero señalar esto: en la misma libertad que brinda la bicicleta, también están sus peligros y las maneras de afrontarlos.

Los ciclistas urbanos trasladamos nuestras conductas viales y las maneras de andar, estilos y patrones de comportamiento que subyacen en nuestra mente. Vemos un hueco entre dos autobuses detenidos y nos metemos. Preferimos pedalear una calle o más, en dirección contraria con aparcamiento en ambos lados, por las que apenas pasa un auto, a hacer dos más en busca de una que vaya en la dirección correcta. A veces, en las esquinas, hacemos con los peatones lo mismo que los automovilistas hacen con nosotros: no les cedemos el paso. Aprovechamos grietas de las reglamentaciones para infringirlas. Luces de destello, franjas rojas fosforescentes, elementos traseros reflectantes, casco hasta para hacer una calle… Pero ¿qué es eso?

Al día de hoy, me cuesta domesticarme: una parte de mí se dispara, casi antes de que pueda tomar la decisión. Le hace trampas a mi vulnerabilidad.

Bici mala, niño bueno.

No me basta con saber que estoy haciendo algo incorrecto para dejar de hacerlo. Voy por mi carril y con cierto impulso, y si puedo, paso o me meto por donde sea, como si fuera un peatón.

Recién puedo empezar a modificar esa modalidad cuando me animo a aceptar que no son solo vicios típicos de ciclista urbano y descubro en ellos correlatos en otros comportamientos y reacciones que se dan de manera automática en mi vida cotidiana. Y que, de hecho, conforman mi personalidad.

Desde entonces, y cuando me acuerdo, al usar la bici intento jugar al transgresor que se transgrede a sí mismo y hace la acción correcta para demostrar su absurdo. Hay una paradoja clásica, la del mentiroso que al decir: ahora estoy mintiendo, no deja distinguir a cuál verdad se refiere y contradice el sentido de sus palabras. Del mismo modo, cada vez que bajo un pie en una bocacalle y espero la luz verde para seguir, o hago calles de más para mantener la dirección correcta o dejo que pase algún peatón, aunque esté cruzando por la mitad de la calle, me río por dentro. Y pienso en que la doble acepción del verbo *to perform* (realizar una acción y representar un rol) en verdad son una: cómo lo hacemos.

Una vez, le conté este juego privado a mi amiga y casi hermana Marcela Miguens, psicoterapeuta que sale en bici con sus pacientes. Y ella ve en lo que hago, más que una representación, un aprendizaje. Me dice: «La imitación es una manera de activar el principio, que de tanto "mentirlo" se vuelve verdadero, genuino».

En la adolescencia, practicaba mecanografía copiando textos de Borges. Un día, empecé a cambiar palabras, otro día los contenidos. Se podría decir que lo usé como si fueran las ruedas estabilizadoras antes de animarme a escribir. En un momento, ya no copié los palotes del maestro, hice los míos.

Rodar a lo *performer*, haciendo buena letra, me da otra relación con el ir en bicicleta y no deja de sorprenderme. Básicamente, porque me impone ir más lento, más relajado y, digamos, con la mente más en el presente que en el llegar.

Al ir concentrado en hacer lo correcto, estar atento a cada circunstancia y en paz con todo cuanto existe, el andar en bici se vuelve algo parecido a lo que el Zen llama fase de la ecuanimidad. Ir sentado en una quietud que no depende del cuerpo ni de la mente, sino del respetar ese encuentro entre el yo y las circunstancias.

Esa actitud, en sí misma, me mantiene despierto. Deshace antiguos condicionamientos y me permite adueñarme de mis reacciones en cualquier situación.

Vaya por donde vaya, nada puede impedirme usar la libertad para ejercitar el sentido de rectitud en el sendero. Porque la libertad que da la bicicleta es como la del Zen: mucho mayor que sí misma.

No se trata del mismo tipo de libertad que puede instaurar

o garantizar un determinado sistema político o social, ya que una libertad otorgada, también puede ser abolida. El ciclista respira una libertad que no puede ser revocada, ni arrebatada. Una libertad que brota en cada uno, desde muy adentro.

Su objetivo no es moral (cumplir con la acción correcta), sino purificar la mente hasta que pueda despertar su propia naturaleza a lo que simplemente es. A lo que simplemente ocurre...

Quien anda por la calle (la vida) sin quebrar el orden accede a ese estado de ecuanimidad que brota de la condición despierta. Más que una ética, expresa su amor y compasión. Estas cualidades tienen la capacidad de deshacer los condicionamientos que nos impiden mostrar una auténtica consideración hacia los demás.

3. ¡Despierta, energía!

Cada juego que practicamos está compuesto por dos partes:
un juego exterior y otro interior.
Por lo general, se nos enseñan las reglas
para vencer a nuestro contrincante, llegar primero,
conquistar un nuevo tanto. El juego interior consiste en ver
cómo es nuestra propia naturaleza. Este ver no se realiza a través de los ojos, sino con todo el cuerpo y la mente.
No supone pensar demasiado, sino dejarse sorprender,
permitirse rodar en vez de pedalear, solo ver lo que pasa.
Se reconoce al practicarlo.

Alinearme con la bicicleta

«El movimiento se hace a sí mismo.»

Proverbio Zen

Alinear la bici consiste, básicamente, en calibrar las llantas ajustando o reemplazando rayos, centrar las ruedas, regular el paralelismo de los frenos y cambios, lubricar ejes, rodamientos, cadena, engranajes… Llevar al máximo la presión del aire en los neumáticos, ajustar todo tornillo o tuerca que se hubiere aflojado, haga o no ruido.

Cada vez que el mecánico me entrega la bici después de hacerle un mantenimiento, siento un andar infinitamente más suave, armónico y placentero. Las cámaras infladas con el máximo de la presión la hacen saltar ante la menor irregularidad, pero imprimen un tipo de rodamiento precioso, sólido, sin vibración. Al estar más ajustadas, todas las piezas tienen menos juego, cualquier mínimo espacio entre ellas está ocupado por el lubricante y les permite rozarse sin asperezas.

Todo apunta a disminuir al máximo cualquier fricción, es decir, llevar a la bicicleta a su estado de excelencia (o menor resistencia) funcional.

Esa alineación también la vuelve más sensible al contacto, porque reacciona al menor estímulo. La fuerzo un poco desde los pedales y coge velocidad más rápido, cualquier piedra en el pavimento repercute en el manillar.

Una bicicleta alineada supone una menor interferencia ante las diversas acciones y reacciones implementadas por el conductor, que pasan con naturalidad a través de su estructura mecánica y por cada uno de sus elementos. El buen andar surge justamente de no tener que hacer ningún esfuerzo extra. Pienso en la imagen de varias arandelas juntas: si los agujeros centrales coinciden unos con otros y en el contacto no se nota el paso de una a otra, cualquier eje o cable que pase por su interior no encuentra resistencia, y gira o se desplaza con más facilidad.

Desde que comencé a tomar conciencia de estas cuestiones, la imagen de las arandelas me ronda, más que como metáfora, como hipótesis a probar: ¿en el interior del ciclista ocurre lo mismo que en la mecánica de la bici con ese flujo de energía? Si logro alinear las distintas partes de mi cuerpo y procesos involucrados, ¿las fuerzas, vengan de donde vengan, encontrarán la menor resistencia al pasar por mí, más allá de que yo sea su ejecutor? Si logro usar estrictamente las fuerzas necesarias que me pide cada situación, evitando cualquier exceso, ¿me sintonizo con ese máximo de alineación de la bicicleta?

Para lograrlo, necesito aprender a mantenerme en mi eje,

mediante estrategias adaptadas de otras vías de autoconocimiento. Hablo de llegar al equilibrio a través de cierta paz mental, aflojar la lengua, relajar los hombros, prestar atención a la respiración, distender los sentimientos y reducir las expectativas de un mejor desempeño. Es decir, lo que el Zen explica como quitar el foco del resultado y concentrarlo en cada mínima etapa del proceso.

○ ○ ○

El equilibrio físico sale solo, como al caminar. De todos modos, empiezo a practicarlo a través de esa técnica básica de relajación que consiste en recorrer con la mente todos los músculos, uno a uno. Se empieza por los de los pies y las piernas, se escucha lo que dicen y se intenta moverlos grácil, distendidamente, como si un fluido pasara a través de ellos. La tarea consiste, más que en aflojarlos, en hacer conscientes los movimientos y dejar pasar la fuerza.

En un sentido más amplio y para referirse a la armonización de nuestro ser con nuestro estar y movernos en el mundo, la psicología humanística también llama buscar el centro al proceso de alineación. No quiere decir que nuestra vida deba girar alrededor de un eje, ni que ese eje sea el centro de todo, sino que podemos atravesar cualquier situación, por violenta que sea, sin perder en ella el equilibrio interno. Si nuestro eje no se descentra, esté en la posición y situación que esté, mantiene armónicos todos nuestros movimientos. Nada nos quita nuestro centro.

Los japoneses dicen «tener *zanshin*»: concentración constante o conciencia continua. El que tiene *zanshin* está alerta, consciente y concentrado, no solo cuando está jugando, sino entre juegos. Hay personas que están tan conectadas con Eso que parecen estar en elevación permanente.

Estas y otras concepciones respecto de cómo Eso que ocurre tanto en lo infinitesimal como en lo macro y en lo cotidiano también se me presentaron frente a la bicicleta, o al sentarme y pedalear sobre ella, bajo la expresión «sintonizarme».

Más allá de toda elucubración teórica, la práctica consciente amplió mi mirada y me hizo ver que el sentido –si hay alguno– no está en la búsqueda de esa alineación, ni de ese centro, sino en la práctica misma. El objetivo no es andar mejor, con más fluidez, sino consagrar el tiempo de andar a la conexión que se establece a través de mí, entre el andar y Eso que algunos llaman espíritu verdadero, el yo universal, cósmico, la naturaleza de Buda, el Único…

Sin buscarlo, Eso se convierte en compañero de camino.

Aprender del aprender

Oriental u occidental, todo artista lo sabe: el verdadero arte, el que deja satisfecho a quien lo ejecuta, no consiste en hacer los movimientos «con arte», sino en realizarlos «invadido» por lo que se está haciendo, más allá de lo que se conoce y más allá de saber hacerlos, de manera que parezca tal o cual cosa. La espontaneidad, la simplicidad, la impecabilidad y eso que el Zen llama «plena presencia de la mente» y su propia aleatoriedad es lo que los vuelve arte.

Tampoco se trata de volverse el gran artista de las dos ruedas, pero lo más cercano a esa búsqueda es el concepto chino *xiu xing* de ganar maestría en el sentido de aprender del propio aprendizaje.

Quizá suene presuntuoso hablar del arte de ir en bici, cuando su práctica es algo tan simple. Se trata justamente de encontrar en algo pequeño y hasta habitual la puerta a una cosmogonía de correlaciones que trascienden el mero hecho de andar. Como todo proceso energético, o de transformación de energía en otra cosa, hay aspectos que escapan a la comprensión racional.

La mayoría de los ciclistas me tirarían la bici por la cabeza, si les dijera que cuando nos subimos y empezamos a pedalear vamos en busca de nuestro ser nuclear. O que la fuerza que presiona sobre los pedales no es solo nuestra. O que una mano etérea nos sostiene desde un lugar que no es arriba, ni abajo, ni adelante, ni atrás, ni ninguno de los costados y al mismo tiempo está en todas partes, inclusive en nuestro interior. O que en cada momento está resonando la voz de lo eterno. Sin embargo, hay algo de eso cuando músculos, mente y espíritu se unen en movimientos gráciles a través del espacio y del tiempo. Todo lo que hacemos se sincroniza con una unidad mayor que la suma de las partes involucradas y trasciende el mero hecho de hacerlo.

Es expresión de que está más en armonía con una energía mayor.

Sentarse en el vientre

Estamos acostumbrados a pensar que la fuerza surge de los músculos, que regulamos el equilibrio con las manos sobre el manillar, que cuando estamos cansados ponemos corazón, que nuestra mente determina qué hacer en cada caso. En un nivel inmediato, tales aseveraciones pueden ser tomadas como una referencia válida, ya que nadie necesita mucho más que eso para andar en bici. Sin embargo, esa concepción pasa por alto el elemento que comunica partes y funciones: el flujo continuo de energía vital.

Más que descifrar las propiedades de esa energía (conocida como *chi* en China, *ki* en Japón, *kundalini* y *prana* en la India y *baraka* entre los sufíes), lo que se busca es facilitar su flujo a través del *hara,* hacia el resto del cuerpo.

Las series de Tai Chi Cuan intentan transmitir ese ritmo etéreo a los movimientos. Al estimular algunos puntos de convergencia, la acupuntura busca abrir el camino para que esa energía circule mejor por el meridiano que considera asociado a cada órgano. Pese a ser considerado un arte marcial, el objetivo del aikido es recanalizar de manera asertiva las partículas subatómicas de violencia que surgen en el interior de cada persona, rearmonizar esa energía.

¿Dónde se asienta y redistribuye la fuerza descomunal de los luchadores de sumo, sino en ese globo terráqueo que tienen por panza?

Hay un área (un vórtice para ser más gráficos) en el medio de nuestro cuerpo que alimenta y vincula al resto. Se encuentra dos o tres centímetros por debajo del ombligo, ahí donde el yoga ubica el tercer *chakra*, los chinos el *tan tien*, los sufíes el *kath*, los japoneses el *hara* y donde cualquier occidental bien intencionado señalaría como nuestro centro de gravedad. Se cree que desde ese punto, brota el combustible que necesitan los músculos para extenderse o contraerse, estemos quietos o en movimiento.

Al *hara*, los japoneses también lo llaman *kikai tandem*: *kikai* es océano, *tandem* campo de energía. Como océano y como campo de energía, ese centro de procesamiento no es una estructura material, palpable, con una configuración estable. La física moderna usa el término «campo» para abarcar el carácter y la función de fenómenos, más allá de su forma y de cualquier tipo de descripción anatómica. A través de esa visión, se encuentra con el concepto taoísta de vacuidad (*ku*): el vacío viviente, donde las energías se deshacen y reconfiguran en una danza permanente. Más que en términos de partículas que pasan o lo componen, la mente consciente solo puede aproximarse a ese centro considerándolo, metafóricamente, como un gas, una corriente de materia descondensada hasta su más minúscula expresión, y que, pese a su levedad, carga en sí misma el *elán* vital. Una nada en la que está todo, un algo inasible que cambia de forma y se reacomoda a cada instante. Cualquier movimiento que hagamos sería una reacomodación de ese flujo.

El *hara* no opera como un giroscopio, ni podemos manejar desde la voluntad esa energía que surge o pasa a través de él. Los maestros de artes marciales solo piden aprender a ser conscientes de su potencial como receptores, reguladores y distribuidores de esas energías.

En una cuesta empinada, no podemos hacer fuerza desde el vientre, pero sí aflojarlo y mantenerlo relajado, como para que la energía que llega a nuestras piernas les permita moverse con el menor desgaste. En una situación análoga, prueba a liberar la región abdominal y enviar aire hacia esa zona: notarás el efecto lubricante en las articulaciones y músculos de los miembros inferiores.

Los que trabajan con él, dicen que el *hara* no se deja conocer, solo reconocer. Todo lo nuevo que entra (por ejemplo, una sugerencia de enderezar la columna) se apoya sobre la observación de lo que hacemos o creemos (la mente enfoca la columna), no entra en campo vacío.

Al trascender la dimensión material, el *hara* actúa como una interfaz entre lo físico y ese campo energético en el que la vida del universo incluye la de cada uno de nosotros. Actuar desde el *hara* implica mucho más que una conciencia de su energía y locación, apunta a un proceso paulatino de reconocimiento, apertura y reunión con la fuerza esencial.

Los japoneses, que tienen incorporado ese concepto en el lenguaje cotidiano, le dan un significado muy amplio, que va desde «un estado del ser» hasta una «maduración» en el camino para reintegrarnos a la conciencia de que somos parte de algo mayor.

También fueron ellos los primeros en vincular esa actitud interior con la postura física que adoptamos.

Cuando dicen que tal persona no está en su *hara*, no se refieren solo a que tiene el vientre comprimido y el pecho inflado, sino también a que «leen» en la postura de esa persona si está disociada de su eje y del centro de gravedad. Lo que, por cierto, origina tensiones no solo físicas, sino pérdida energética y descentramiento. A ese predominio del yo individual sobre el orden de la naturaleza lo consideran uno los orígenes de las enfermedades fisiológicas y psicológicas del mundo moderno.

En la segunda mitad del siglo xx, el concepto del *hara* empieza a volverse familiar en Occidente, en parte por la difusión de las artes marciales japonesas, en parte porque su sentido de búsqueda de la unidad primordial se superpone con la emergencia de un nuevo paradigma que considera el cuerpo, la mente y el espíritu (el espíritu como conciencia de esa vida universal) como entidades interdependientes y expresiones de una misma energía que los unifica con el orden de la naturaleza.

En ese sentido, lo que el Zen busca es volver a conectar esa mente que tiende a separar (pensamiento dualista) con el concepto de complementación de los opuestos. No hay un mundo del conocimiento adquirido y otro del conocimiento intuitivo. No hay una realidad corporal y otra mental. No hay un ejercicio para ganar técnica y obtener un mejor rendimiento (saber hacer) y un ejercicio que solo nos esté transformando interiormente (saber ser). No hay un abajo y un arriba. No hay un yo y un lo que no sea yo. No hay un vientre distendido inmóvil y otro capaz de accionar rápido.

El aprendizaje sería pasar de una visión de opuestos antagonistas y contrarios a una visión de unidad primordial.

4. Hombre bici camino

El ego no queda atrás, está en ninguna parte y en todas.
El rostro, el cuerpo, los movimientos de las piernas
nos hacen penetrar en el aire ignorando la barrera entre uno
y el mundo. Autos y cemento, la enloquecida belleza urbana,
nuestro ir hacia, todo danza como destino único.
Escribió el poeta, y ciclista Gary Snyder:
«El sendero es lo que pasa –no termina en sí mismo–.
Para andar por el camino,
necesitas convertirte en el camino».

La conciencia transverbal

«Fui y volví. No era nada especial.»

Su Dongpo

Aquella sensación de nada, ausencia, olvido, falta de registro o vacío que me «despierta ante el hecho» (*wu* para el Zen) vivido en la costanera hace treinta años, y que describo en las primeras páginas de este libro, nunca vuelve a repetirse con la misma intensidad.

Me lleva tiempo comprender que es el mismo deseo de entenderlo lo que impide que vuelva a ocurrir. Solo se me permite evocarlo después de, nunca durante.

Otras veces, muchas más de las que recuerdo, en las que me olvidé de todo lo que sabía con respecto a esa maravillosa sensación, quizás la haya tenido. Como millones de ciclistas en cualquier parte del planeta, viví la experiencia, o la experiencia me vivió.

○ ○ ○

Casi todos los meditadores alguna vez nos preguntamos: ¿quién está dentro de mí cuando llego a un punto en que todos los pensamientos cesan? Ahí donde parece no haber nadie, ni siquiera el eco de los pensamientos que han cesado. Nadie, aunque sea para dar fe de que ha ocurrido ese vacío.

Las *Upanishads,* libros sagrados del hinduismo, no dejan la menor duda, afirman que cuando un meditador escucha en el interior de sí mismo un «Sí, ocurrió», o ante una enseñanza alguien dice «Sí, lo comprendí», puedes estar seguro de que, en ambos casos Eso se diluyó.

La respuesta más cercana (no la menos ilusoria, ni la más real) estaría en el silencio, en alcanzarlo sin querer comprenderlo luego. Simplemente, saber que Eso pudo habernos visitado y nada más, dejarlo en su etérea liviandad.

Desidentificarse

Al meditar, en cuanto uno hace el menor esfuerzo por mantener la mente en blanco (o en negro, o en nada), introduce el dualismo y la artificiosidad. Nada es más contraproducente para alcanzar ese estado de ausencia que estar pendiente de que ocurra. Cuando salgo en bici y de repente llego a donde estoy yendo, casi sin haberme dado cuenta del viaje, no trato de volver los ojos hacia atrás en busca de respuestas, no quiero que ese estado se me instale como una forma-pensamiento. Un riesgo similar corro ahora al escribir sobre Eso.

La sensación de ausencia no tiene nada que ver con lo que nuestra cultura occidental entiende por ausencia, carencia o espera pasiva. En esa no-mente que se crea en innumerables ocasiones, no solo pedaleando, hay una fuerte presencia. Una mente menos dominada por el pensar, que se mantiene alerta a todo cuanto ocurre, cuanto pueda ocurrir, y a los mensajes del cuerpo.

Algunos llaman a ese proceso integración. Dejar de lado las diferencias establecidas por la mente, el pensamiento y el lenguaje y captar el flujo como un todo, en el cual la armonía de las partes crea una única interrelación.

El Zen llega a lo mismo, pero por otra vía: parte de entender que el yo, ese hombrecito desde el cual miramos el mundo, nos hace creer que estamos separados de lo que vemos e instala barreras, tanto en el afuera como en el adentro. Al pensar que lo que observamos no somos nosotros, o que no es un algo ajeno a nosotros, marcamos una división y esa misma división es la que nos aparta. Cuando el Zen habla de desidentificarse, está señalando al propio yo, que insiste en convencernos de que lo único que cuenta es su percepción.

Al dejar de pensar que lo de afuera es algo ajeno al yo, este no desaparece, se expande. Trasciende las fronteras establecidas por los bordes de las cosas, se compenetra con ellas.

El ojo de la mente separa las cosas, los sucesos, los hechos, y nos condiciona a verlos como entes separados. En el orden de la naturaleza, todos los fenómenos, físicos y abstractos, son interrelaciones dentro de un todo.

Cuando el Zen propone observar la mente, no lo hace para disociarnos de la experiencia. Al contrario, busca vincularnos de otra manera con ella. Busca que veamos dónde se trazan las líneas que separan una cosa de otra y nos separan de ellas «sin» los parámetros de nuestro yo. También busca que veamos al propio yo como otro elemento de ese conjunto.

La conciencia se libera de las formas. Se desidentifica y se vuelve una presencia.

○ ○ ○

El ciclista que alguna vez experimentó esa ausencia en carne propia no necesita ninguna argumentación para explicar ese despertar. Al pedalear, se hace evidente que se sumerge en la misma sustancia que lo rodea y que su visión es tomada por una capacidad de compenetrarse con todo cuanto ve, más allá de lo que ve. Se percibe unido a algo infinitamente mayor que su cuerpo, su conciencia o su lenguaje. No es una inmensidad ahí adelante, ni atrás, ni arriba, ni abajo: es algo que reconoce en todas partes, mire donde mire. Algo está allí, en ese instante, y se presenta de la misma manera que puede hacerlo la eternidad.

No sé qué es,
solo que es.
Lo comprenda o no.

Las ideas, o pensamientos, poco a poco empiezan a desvanecerse y liberan a la conciencia de sus recorridos neuronales habituales. La actividad mental se vuelve un campo por donde circulan ondas despojadas de contenidos, o con contenidos autogenerados desde planos que la conciencia ordinaria no controla.

La mente no detiene su actividad. Algunos pensamientos entran y salen, pero la mente no se adhiere a ninguno, los mira pasar. Y ese desfile, libre, aleatorio, enriquecido por las imágenes que entran en la mente y lo que estas a su vez generan en ella, la va limpiando hasta dejarla en un estado de «disponibilidad». Apertura. Orden. Colocación. Parece que no se pensara en nada, que la mente, o uno, no estuviera allí.

La idea de ausencia se corresponde con la de vacío (*ku*, en japonés; *sunyata*, en sánscrito), tan familiar al Zen.

El vacío en la forma y la forma dentro del vacío. Al comprender esta reciprocidad, uno adquiere otra perspectiva del espacio interior y de todo lo que hace. La taza es la cavidad donde podemos verter el té caliente. La acción se desarrolla en la inacción. La sensación de ausencia da lugar a otros estados, deja que Eso se transparente en Esto.

Cuando el ego perceptor da lugar a la vacuidad, nuevos poderes tienen oportunidad de entrar en acción. Por más que persista una sensación de esfuerzo, los actos parecen ocurrir solos. Cuando los viejos hábitos se suspenden, nuevos poderes tienen oportunidad de entrar en acción.

o o o

A mi mente le costó –le cuesta– aceptar la idea de vacío como algo sustancial. Todavía me resisto a aceptar que el yo existe dentro de algo mayor, sin centro alguno, llamado *no yo*. Y que la única forma de poseer algo es poder soltarlo.

En el camino, alguna vez pensé que el verbo más adecuado era entregar, pero también en el verbo ofrecer hay una intencionalidad subyacente. Como pensar: «¡Ah, qué buen muchacho, hace ofrendas a cuenta de karma!».

El budismo usa la palabra *satori* (despertar) para referirse a los momentos en que dejamos de estar dirigidos por el ego personal y actuamos como intérpretes e instrumentos de una potencia cósmica fundamental. En la práctica, el *satori* no existe, pues es algo y no es nada al mismo tiempo. El verdadero despertar es inconsciente. Cuando somos conscientes, deja de ser *satori*.

«Si *satori* significa despertarse, comprender, entonces he tenido el *satori* muchas veces», escribió el maestro Taisen Deshimaru, pero esto no es lo que significa *satori*. El verdadero *satori* es un retorno a la condición normal, original del espíritu.

Todo es tan Eso como puede ser

Pedaleamos y los minutos pasan sin que nos demos cuenta, porque es el momento presente el que avanza y se desplaza como si estuviera siguiendo a la rueda delantera. Tiempo y espacio son lo mismo.

Los ojos miran a un mismo tiempo el adentro y el afuera. Parecen indiferentes, pero registran. La mente almacena recuerdos gráficos. Su intención no es descubrir nada en especial, simplemente mantener la atención flotante. Esta manera de aprehender la realidad pone al ciclista más cerca de la contemplación atribuida a los místicos que de la mirada sobre la pantalla de un videojuego.

Al abandonarnos, el yo no desaparece, se integra al proceso con una lógica difícil de admitir para los occidentales: al no estar ahí, escudriñando todo, está más integrado en ese todo.

Una armónica sencillez rige la interrelación de las partes y nos alinea con una pauta mayor. En ella, todo lo que consideramos yo o mí no se diferencia de nuestro avanzar.

Arriba de la bicicleta, el cuerpo parece perder su peso y la mente expandir su conciencia.

Viene, vuelve a irse. Algo de Eso sigue por debajo.

Percibir la bici entre las piernas como una prolongación de Eso hace que me olvide de este cuerpo. Olvidar primero el proceso de análisis, pronóstico y decisión que debo hacer segundo a segundo. Olvidar que hay dos entes separados, uno vivo y otro funcional. Olvidar los cinco puntos de contacto físico que nos unen. Olvidar que las ruedas apoyan en el pavimento y que hay infinidad de otros entes a mi alrededor. Cuerpo, bici y camino se funden, y mi mente queda fuera del tiempo, fuera del recorrido, fuera del cuerpo.

Si hay un yo presente, es el de la experiencia.

○ ○ ○

Edgardo Werbin es médico especialista en situaciones de emergencia, semiólogo y maestro Zen. En una de nuestras charlas, hilvanó esto: en un auto se viaja, uno conduce. Es raro que digamos: «Ando en coche», salvo que queramos anunciar que vinimos con el auto. Tampoco nadie dice: «Viajo en bici»; menos aún: «Conduzco o manejo la bicicleta». Ni *bicicletear*. Pedalear parece decir que todo depende de las piernas. En español el verbo es andar. Andar da la idea de ir en. En el auto, se usa como sinónimo de funcionar: anda bien, no anda. En la bici, andar casi equivale a estar, como cuando decimos «ando contento». La Real Academia Española lo confirma; en una de las entradas de «andar» consigna: «Hallarse en determinado estado». Para el Zen, decir «andar por andar» es una redundancia, esa ausencia de cualquier otro sentido está implícita en el verbo andar. En el Soto Zen, la práctica se dice *shikan taza* (simplemente sentarse); el equivalente sería el mero andar.

○ ○ ○

Rodar: el *Diccionario del uso del español* de María Moliner rescata un verbo usado por los ciclistas deportivos cuando no compiten y mantienen la velocidad sin esfuerzo. Al decir rodar, el movimiento se desprende de la idea de ir de un sitio a otro sin «quedar en ninguno de manera estable». Rodar tiene algo de entregar las piernas a girar alrededor de un eje, como aspas de un molino.

○ ○ ○

En internet circula un cuento, apócrifo tal vez, pero elocuente. Un maestro Zen ve a cinco de sus discípulos regresar del mercado montados en sus respectivas bicicletas. Cuando llegan al monasterio, les pregunta por qué van en bici. El primero responde: «La bicicleta carga esta bolsa de patatas. Estoy satisfecho de no haber tenido que cargarla sobre mis espaldas». El maestro lo elogia: «Eres un muchacho inteligente, cuando seas anciano no tendrás que andar encorvado como yo». El segundo responde: «Amo observar cómo pasan árboles y campos mientras viajo en la bicicleta». El maestro dice: «Tus ojos están abiertos y tú ves el mundo». El tercero responde: «Al pedalear, el universo penetra en mi mente». El maestro dice: «Tu mente funcionará con la perfección con que gira una rueda recién centrada». El cuarto responde: «Pedaleando me siento en armonía con todos los seres». El maestro asiente: «Estás recorriendo el sendero dorado». El quinto estudiante responde: «Yo ando en mi bicicleta solo para andar en mi bicicleta». El maestro se sienta a los pies de él y le dice: «Soy tu discípulo».

○ ○ ○

Yo ando en mi bicicleta solo para andar en mi bicicleta. Es como dejar que la misma flecha decida cuándo el dedo debe soltar la cuerda. La actitud fundamental ante todo lo que puede ser entendido como práctica tiene que ver con «dar lugar», «no buscar», «no querer llegar a lo desconocido a través de lo conocido», «limpiar la mente de ilusiones»… Y solo andar por andar.

«La práctica es un interminable proceso de desilusiones», agrega Edgardo. Todo lo que obtenemos nos decepciona con el tiempo y esa decepción es el maestro ante los cuatro primeros estudiantes.

Si te despiertas a las tres de la mañana preguntándote de qué se trata todo, de qué vale todo lo que lograste y todo lo que piensas, un maestro Zen te diría lo mismo que Edgardo. Es en esos momentos cuando se nos diluye el muro del dualismo y vemos que la felicidad y la desesperación no son tan diferentes, y que las emociones en apariencia opuestas –dis-

frute/depresión, alegría/pena, buen y mal ánimo– tienen algo
en común: son reacciones de nuestra manera de ver las cosas.
La ilusión es la que nos hace ver de esa forma.

El mero hecho de considerar esta posibilidad parece volver
a todo, incluida la vida, muy robótico, muy repetitivo, muy
neutro, muy igual. Esa sensación de aburrimiento, dicen los
que están en el camino desde hace mucho, es otro maestro.

¿Quién es el que se aburre si no soy yo el que está más allá
de estas emociones? El que poco a poco aprende que cada momento es nuevo, no lo mismo ya vivido en el pasado, que vuelve
a repetirse. Cada cepillada de dientes parece la misma de ayer,
pero es una nueva cepillada de dientes, cada salida en bicicleta,
una nueva salida en bicicleta, cada concentración en el pedaleo…
Los poetas Zen usan la metáfora de las gotas de rocío sobre la
hierba cada mañana. La misma gota cuando pasa de una hoja
a la otra, ya no es más la que era.

La conciencia del aquí y ahora que se desplaza de momento en momento, sin comparar, sin juzgar, sin condenar y, en
lo posible, sin conceptualizar, es también una gota de rocío
silenciosa.

Silencio no es ignorar esa experiencia de vacío: es no nom-
brarla.

Silencio es escuchar. Permite mirar con ojos nuevos. En
lo posible, vacíos de lo que ya conocemos. Con la conciencia
despejada de recuerdos, sin ponerle palabras. Mirar lo que
ocurre adelante y a los costados. Como lo que es.

Esa dificilísima y a la vez simple actitud permite andar

sobre la bici, también como una presencia. Uno, entonces, se vuelve el que se desliza, de momento en momento, y ante cada situación solo puede decirse a sí mismo: qué maravilla, qué maravilla. O no decirse nada e ir percibiéndola. Como sujeto y como testigo. Un segundo ser que contempla con desapasionada curiosidad, según palabras de William Styron.

El estado de disfrute y felicidad que produce andar en bici hace que las células sonrían. No encuentro mejor verbo para describir esa sensación y las imagino arqueando los labios hacia arriba.

Esa sonrisa interior, que se refleja en el rostro de la mayoría de los ciclistas urbanos, tiene mucho de esa gracia que se produce al liberarse de sí mismo y del pasado. Cada instante que se vive sobre la bicicleta, con todo lo repetitiva que pueda parecer su práctica, trae a la conciencia y al cuerpo el asombro que ofrece cada momento presente. Siempre.

Esa es la experiencia invisible: la directa.

El resto, pedalear, observar la respiración y confiar, aunque no comprendamos en qué, ni para qué.

Parecería que no hay otro secreto.

La vida diaria como camino

En su libro *Remember Be Here Now*, Ram Dass (el médico Richard Alpert) señala algunas pautas, que se adaptan al de la preparación de la mente del ciclista, para mantener la perspectiva a lo largo del camino espiritual. «Así como no hay metas, tampoco hay etapas, asegura Ram Dass.»

Para él, cuando pasa la euforia inicial de cualquier práctica (aquí incluyo al ciclismo no competitivo) y queda una sensación de pérdida de la novedad es cuando realmente empieza el aprendizaje. El camino del perfeccionamiento abarca el abandono de la idea de la perfección. Justo entonces empezamos a ver con claridad la preparación que estamos realizando.

En otros momentos, experimentamos una calma total, como si el aprendizaje se hubiera detenido y quedáramos flotando a ras de una meseta. Imposible volver: el viaje es irreversible. Permanecer en ese vacío, sin pedir nada, hace que se vuelva un contenido.

Todo ciclista lo sabe, el pedaleo al revés no hace andar la bici para atrás. El proceso iniciado al andar en bici tampoco se detiene al bajarnos, solo aparenta detenerse desde el punto de vista que lo contemplamos. Ese pensamiento es un obstáculo.

Lo más probable es que haya períodos en los que busquemos algo y en otros en los que busquemos otra cosa. «No esperes la revelación –recomienda Ram Dass–, ya que cuanto menos perceptible, más transparente.»

También Buda parece dirigirse al ciclista cuando se refiere al camino. Dice que para cada persona el camino es la trayectoria de menor resistencia, rumbo al encuentro de la verdad, del conocimiento interno, de su unión con el Uno. Un estado de equilibrio en el que el hombre puede entrar cuando aprehende las leyes del correcto vivir. Se basa en la ecuanimidad alcanzada al trascender el yo, y poder discriminar las atracciones que ejercen sobre nosotros los aspectos del mundo formal. Para Buda, esas atracciones (o distracciones) aprisionan la conciencia y nos apartan de la chispa de Eso que hay en cada uno. Budismo y taoísmo llaman «Camino Medio» a esa actitud.

Ningún fabricante de bicicletas anuncia (todavía) que sus modelos también llevan por esa senda, ni que facilitarán un acceso a niveles de conciencia más elevados a quienes las monten. Al callarlo, parecen dar por sentadas premisas universales para todo tipo de andar: el camino no tiene promesas, uno debe entrar en él sin expectativas, saber que solo se trata de un olvido progresivo de sí mismo y que la energía se revela gradualmente. En algunos tramos, esa energía te envuelve y te hace reconocer el valor de la acción impersonal, silenciosa, invisible. En otros, te pide receptividad, paciencia, actitudes solidarias, persistencia, coraje. Siempre refleja al que va arriba: si la bici va rápido, yo voy rápido.

○ ○ ○

«Pedaleaba muy despacio porque cargaba una bolsa de naranjas recién cosechadas a cada lado de la rueda trasera y otra sobre el manillar –me cuenta Ryúnan Bustamante sobre un practicante de su *dojo*, Ermita de Paja–. El camino se iba abriendo delante de él y cerrando inmediatamente detrás. Como en una epifanía.»

Ninguna parte

> «Cuando era muchacho, una vez perseguí el final
> del arcoíris en mi bicicleta y me impresionó
> encontrar que siempre retrocedía.»
>
> ALLAN WATTS

Andar en bici, como cualquier búsqueda de sentido más amplio que el habitual, parece no llevar a ningún lado. ¡Es lo más Zen que puede pasar!

La práctica no es más que el camino que se recorre y lo mejor del camino de la bicicleta es que nunca termina. El yo que conozco nunca es el que necesito conocer. Si soy afortunado, el punto de destino siempre estará dos kilómetros más lejos de cada kilómetro que recorra.

La tendencia dominante, en tanto hijos del paradigma racional y la lógica cartesiana, es pensar que para llegar a algún lugar debemos «ir hacia», en su dirección. Tantos kilómetros recorremos en busca de algo que está tan cerca que por momentos perdemos la perspectiva y parece que nos hemos equivocado de camino. ¿Por qué nos cuesta tanto aceptar que los desvíos «son» el camino?

Ir lejos significa retornar. Mi mente se apasiona con esta y otras frases de Lao Tzu. Las escribo. Las interpreto. Las asocio con un sinnúmero de situaciones. Las repito en voz alta, pero mi subconsciente se resiste a metabolizarlas.

El despertar acontece por despojamiento, ni siquiera puede buscarse: cuando se lo encuentra, deja de ser.

¿Qué puede darme el andar en bici? La posibilidad de sacarme esta creencia arraigada de estar separado de la totalidad.

Lo que parece una separación es lo que vincula. La mente traza esa línea, ella hace cortes entre las moléculas. No hay una persona por un lado, una bicicleta por otro, un camino por otro, ni tránsito por todos lados. Hay moléculas que hacen movimientos de Tai Chi Chuan junto a otras moléculas que se mueven junto a otras, hasta más allá del infinito.

«Cuando nos olvidamos de nosotros mismos, somos el universo», repetía el maestro Hakuin. No era otro de sus célebres *koans*. Lo decía solo para ayudar a sus discípulos a comprender que el aprendizaje no es una cuestión de incorporar algo que falta, sino de reconocer lo que sobra e impide llegar a lo que se tiene (o es). La capacidad innata aguarda en cada uno de nosotros como una serpiente enroscada sobre sí misma, lista para desplegarse y mostrar nuestra naturalidad.

Andar en bici con naturalidad es retirarle el control al yo y dejar que la impulse y guíe el fluir del *chi*, del *hara*, de lo que respiramos, de esa presencia mental plena que aparece cuando abrimos paso a la energía de Eso, para que atraviese nuestro cuerpo, los componentes de la bicicleta, el camino que vamos haciendo, y para que Esto que vivimos en cada instante no se vuelva nada especial, ni siquiera su propia comprensión. Simplemente, andar en bici.

○ ○ ○

Hombre de unos sesenta años, bien conservado, sentado en un banco frente al lago. Brazos estirados sobre el respaldo. Piernas apoyadas, en alto, sobre el caño de una Cross bastante pelada. Dice: «Para qué hablar de las pérdidas que vengo sufriendo de un año a esta parte…». Y en cuanto me ve, me siento aliviado. Permanecemos juntos mirando el espejo del agua. La melancolía es incompatible con la bici, hombre.

PARTE III:

REGLAS DE EXPERIENCIA

LOS CUIDADOS, EL SENTIDO

5. El andar correcto

La función determina la práctica.
La velocidad se asocia al éxito, la impecabilidad
a la sabiduría. Lo que haces es cómo lo haces.
Las normas de circulación son para proteger el andar. La
libertad que da la bicicleta es parte de una pauta mayor que te
conecta con quienes van a pie
y en vehículos motorizados.
Quien no interactúa, pone en riesgo a todos,
en especial a sí mismo.

«Cuando estamos plenamente en un camino,
indirectamente estamos preparando otro.»

RYÚNAN BUSTAMANTE

Las transformaciones solo se dan al liberarnos poco a poco de hábitos musculares muy arraigados y reemplazarlos por otros, más adecuados a la tarea. El cuerpo opera como un todo integrado durante su funcionamiento, pero nunca como una serie de partes desconectadas.

Empezar por hacer consciente cualquier aspecto de la manera en que andamos en bicicleta establece «efectos por sintonía» sobre los demás. Por ejemplo, si prestamos atención a cómo estamos respirando, notaremos que nuestra conciencia se desplaza con más facilidad por todo el cuerpo advirtiendo los movimientos forzados, o dónde tenemos alguna dificultad que habitualmente pasamos por alto.

Si observamos el modo en que pedaleamos y comenzamos a reconocer y eliminar los esfuerzos musculares inadecuados, esfuerzos en otros sistemas musculares (que se generan a expensas de nuestro propio cuerpo y no añaden ni un ápice al movimiento de avance de la bicicleta) también se nos harán conscientes.

No hay un andar perfecto. Simplemente, una manera en la que el desempeño individual y las acciones resultantes se integran mejor y se presentan menos interferencias al respectivo andar natural de cada uno.

Desde el momento en que pisamos el pedal y empezamos a andar, entramos en un estado en el que estamos totalmente conscientes, y al mismo tiempo nos sentimos o somos llevados por la acción misma. Cuerpo y mente dejan de ser dos entidades que circulan por carriles diferentes. Si fueran dos, podría decirse que cada una es consciente de la otra. En verdad, son un todo infinitamente más interconectado de cuanto nuestra mente puede concebir y de lo que nuestro cuerpo percibe. No hay una palabra capaz de abarcar ese vínculo.

Al andar en bici, la actitud Zen es no pensar en lo que haremos cuando lleguemos al destino. Ni en la dicha que tenemos por no estar viajando como sardinas en un autobús. Ahora estamos pedaleando, pensar o preocuparnos por otras cosas, que debimos o hubiéramos podido hacer, o que podremos hacer, es una fuga de ese momento. Y una pérdida de energía.

Al poco de empezar a pedalear con la mente en el diálogo piernas y pedales, los pensamientos tienden a desaparecer, la mente se distiende y el andar se vuelve algo mucho mayor que la suma de las partes involucradas.

Pedalear

A simple vista, parece que todos los ciclistas urbanos anduvieran igual. Sin embargo, si se los observa en detalle, sin detenernos en el modelo de bici ni en la postura que los ciclistas adoptan, hay diferencias notables en la manera de mover piernas y pies. Unos parecen llevar el pedaleo a todo el cuerpo: el torso se mueve hasta los hombros y cabecean como si siguieran una música. Lo hacen con tensiones innecesarias, exageran los movimientos, como si estuvieran trabajando la musculatura de las piernas y se les fuera la vida en cada avance. Otros pedalean echados hacia atrás, como si lo hicieran en un coche de carreras.

En cambio, a algunos no se les nota que se están impulsando con las piernas, parece que anduvieran sin andar. Los movimientos se desprenden de la cintura con una armonía natural: los músculos de las piernas hacen la fuerza necesaria solo para mantener la velocidad. Tienen el vientre suelto, y pese a llevar el tronco distendido y los hombros sueltos, van firmes sobre el asiento. Van sentados. Ni encorvados, ni sacando pecho: erguidos, que no es estirarse hacia arriba, sino estar centrados sobre un eje. Un centrarse que surge de cierto acomodamiento balanceado del peso. Van sin apuro, como si pedalearan en un tiempo infinito y no dudaran de llegar a la hora. No miran a ningún punto fijo, pero se nota que ven muchas cosas a la vez. Pedalean con cierto ritmo, sin hacer movimientos bruscos, como si cada uno naciera del anterior. Andan como si no intervinieran.

«Se andan», diría cualquiera que haya leído *El Zen y el arte de los arqueros japoneses*, en el que la flecha «se dispara» del arquero. O se desprende de esa fuerza vital que brota de su vientre y que no es de él (o de su yo), del que estira la cuerda (o va pedaleando en nuestro caso), sino de una fuerza sobrenatural que se manifiesta al desaparecer ese yo. Ciclistas que no saben de la existencia del *hara* sacan los movimientos para pedalear desde ese centro.

Al «descargar» el torso sobre el asiento, las piernas quedan liberadas de su peso. Suben, bajan, giran cadenciosas. Más que hacer presión sobre los pedales, «acompañan» el círculo perfecto que describen en el aire. Más que resistir la presión que debe mover las ruedas, los pedales se entregan a los pies.

Esa manera de repartir la fuerza propulsora a lo largo de todo el círculo tiene algo de la técnica que emplean algunos ciclistas de competición. Casi no hay diferencia entre el momento en que pisan el pedal y el que este les levanta el pie. Lo empujan de igual forma en todo su recorrido. Al observarlos, uno no capta si vienen a fondo, si están paseando o si están guardando fuerzas. Tampoco en la cara se advierte el menor esfuerzo.

Si bien ese pedaleo, bautizado «redondo», aprovecha la subida del pie y gana aproximadamente un veinte por ciento extra de propulsión, no es un recurso válido para los ciclistas urbanos, porque en medio del tránsito no resulta cómodo usar pedales con punteras, correas, ni nada que pegue el pie al pedal. Sin embargo, en la dinámica del pedaleo redondo hay dos o tres puntos rescatables. El principal es que la fuerza no viene solamente de la musculatura de las piernas, sino de cómo y cuánto abramos el diafragma para que, una vez expandido, permita que la respiración llegue el vientre. Como ya vimos, el estómago y el vientre tensos no contribuyen al paso del flujo vital.

El ciclismo figura, junto al trote y la natación, al tope de las listas de especialidades aeróbicas recomendadas. Si vamos a realizar trayectos largos, la estrategia es establecer una «cadencia de pedaleo». En la jerga ciclística, cadencia es el número de veces que el pedal gira por minuto. Entre los que se inician, una tendencia habitual es mantener un ritmo de cadencia baja. Y, aunque parezca paradójico, hacer muy poco esfuerzo al pedalear crea pequeñas lesiones en las rodillas. Un adagio común entre ciclistas de larga distancia es que tus piernas se cansen al mismo tiempo que tus pulmones. Si las piernas se cansan antes, es un aviso de que la cadencia es demasiado lenta; si tiendes a quedarte sin aire, es que es demasiado rápida.

Aunque la cadencia varía de un ciclista a otro, un promedio razonable es entre sesenta y setenta vueltas completas de pedal por minuto (que disminuyen cuando subimos una cuesta o aumentan al menor declive del pavimento). Hay relojes que la indican, sin necesidad de contar mentalmente.

Pedalear concentrados en el aquí y ahora del movimiento circular de las piernas no nos pide que clavemos la atención en el pedaleo y evitemos que la mente se adelante hacia pensamientos utilitarios del estilo: si pedaleo así, llegaré más rápido, me cansaré menos, etc. Implica solo ser conscientes de lo que estamos haciendo y hacerlo de la mejor manera que podamos.

Mirar y prever

Al comenzar a andar en bici, y cada vez que salimos, hay una tendencia natural a mirar hacia abajo en un diámetro que abarca el piso por donde pasaremos, el rodar de la cubierta delantera y algo del manillar. Esa misma mirada capta simultáneamente lo que ocurre más arriba y a los costados.

Acomodada luego la cabeza, los ciclistas solemos hacerla una pieza con el cuello y el tronco y casi no la movemos. Abarcamos lo que pasa delante solo moviendo los ojos y haciendo uso de nuestra mirada periférica incorporada. Uno mira a un punto y por el rabillo del ojo ve lo que ocurre alrededor. Esta suerte de «gran angular» que rodea la visión central nos proporciona un contexto. Sin mirar a ningún punto en particular, se ve la generalidad. Cada alteración, movimiento o señal que aparece en ese campo de la visión es registrado y decodificado en términos del desplazamiento que venimos realizando (dirección, velocidad…). Ya Aristóteles decía que, de todos los sentidos, la vista es el que nos permite adquirir mayor cantidad de conocimientos y descubrir numerosas «diferencias».

Los ojos ven y al mismo tiempo actúan como censores que registran esas pequeñas diferencias y atan cabos. Cuanto más conocemos sus significados, más «lee» nuestro inconsciente en ellos. Los gestos, las luces, los movimientos de otros vehículos nos dan indicios de lo que van a hacer. Si alguien está parado en la esquina sobre el bordillo, tal vez quiera cruzar. Si un coche reduce la velocidad, quizás esté buscando dónde aparcar, puede ser que frene y después se acuerde de poner las luces intermitentes. Si un auto que está detenido tiene las ruedas delanteras hacia un lado, probablemente quiera cambiar de carril o doblar. Si un bus nos cierra, es posible que pare, para que bajen o suban pasajeros, lo que nos obligará a frenar o a superarlo por el otro lado.

Buena parte de la tensión que provocamos los ciclistas en los conductores se debe a nuestra imprevisibilidad. Dentro de todo, los coches suelen circular en línea recta, siguen los carriles, no zigzaguean, utilizan el intermitente… La bicicleta ofrece tanta libertad que por momentos te hace creer que uno va solo y se puede meter por cualquier parte: en los corredores que dejan libres las hileras de autos, pasar por delante de ellos cuando están esperando que cambie el semáforo, ir en dirección contraria, subir a la acera y pasar a toda velocidad…

La visión desde la bicicleta es muy diferente a la que tenemos desde el automóvil y al viajar en un transporte público. En cualquiera de ellos, parabrisas y ventanillas son pantallas de televisión, donde la ciudad y sus escenas aparecen recortadas y van desfilando. Al no tener techo, ni laterales, ni cristales que nos separen de la intemperie, la bicicleta permite una óptica circular que abarca los costados, el piso, el cielo, y nos da la sensación de estar entrando en lo que vemos. La sensación es maravillosa y, por momentos, algo más para disfrutar. Con el andar relajado, esa mirada, llamada periférica y «oceánica», produce una mezcla de hipnosis y desconexión que con facilidad puede crear situaciones de riesgo. Nos aparta de ese estado de atención (entre sí mismo y el entorno) que, sin estar pendiente de todo, mantiene la conciencia alerta a cualquier señal. Como en el *zazen* y en la meditación, una manera de salir de cualquier desconcentración o adormecimiento es volver a poner el foco en la respiración.

Respirar

«La energía de vida del universo que está contenida
en el aire se transforma en energía humana.»

TAISEN DESHIMARU

Uno no puede elegir el aire que respira, pero sí acompañarlo
hasta encontrar un ritmo en el entrar y el salir. La conciencia
nos hace advertir el trabajo muscular.

Como nuestro cuerpo inspira y espira automáticamente, rara
vez nos acordamos de que estamos respirando y de cómo lo
hacemos. Pedaleamos, nos cansamos, nuestras respiraciones
son más cortas, más agitadas… Absorbemos y exhalamos bo-
canadas de aire sin prestar mucha atención. En algunas calles
percibimos el aroma de los árboles, allí inspiramos un poco
más profundo, retenemos el aire, sentimos; al espirarlo también
registramos su salida, pero en la siguiente bocanada o en la
otra, volvemos a desconectarnos.

La conciencia de un ritmo y el diafragma liberado de tensiones abren la puerta a una respiración que llega más abajo, hasta el abdomen, y transmite el oleaje ejercido por la presión de la caja torácica a los músculos abdominales e inferiores. Llevar el aire hasta ahí abajo y luego sacarlo supone alimentar y tomar la fuerza de ese océano energético, que es el *hara*. Todas las artes marciales aprovechan la energía que este tipo de inspiración desarrolla en la cintura, los riñones y la cadera. La clave para el ciclista está en familiarizarse poco a poco con el recorrido de ese oleaje, y no obstaculizarlo con una mala postura, ni forzarse más allá de sus posibilidades.

6. Ir con ojo

El respeto de los automovilistas por los ciclistas no surge
solo de que nos vean: también de cómo nos ven.
Usar casco es un aviso, pero es la única medida
de seguridad pasiva por si te pasa algo.
La activa consiste en evitar cualquier colisión y/o caída,
ya que lo impensable siempre tiene un lugar.
Leer también lo posible, anticipar la reacción.
Si no puedes cambiar el mundo, cambia la mirada.

Un código interno

«Si se puede evitar, no es un accidente.»

Los enemigos públicos del ciclista no son los automóviles, autobuses o alcantarillas sin tapa. Es él mismo. Su atención oscilante, arrogancia, temeridad y, por qué no, estupidez, pueden volverse en su contra. Pueden ocasionarle golpes similares o mayores que otros producidos por culpa de los conductores de vehículos motorizados, irregularidades del camino o falta de señalización. Las normativas de tránsito son bastante ambiguas en cuanto a los deberes. Por otra parte, las normas específicas casi nadie las cumple, ni nadie las hace cumplir.

Muchos comportamientos del ciclista urbano son «alegales»: ni legales ni ilegales, ni permitidos ni prohibidos. Por ejemplo, ¿se puede circular por el carril central de una avenida?

Al tomar una calle en dirección contraria, para ahorrarnos hacer dos o tres más, nos exponemos a quedar atrapados por la falta de espacio y, aunque logremos pasar y recibamos algún que otro insulto, literalmente quebramos una norma. Nadie nos va a multar por eso, simplemente no es lo correcto. Esa falta de rectitud (¡vaya palabra para un ciclista!) viola un axioma básico, que trasciende el de si uno quiere ser respetado. Andar en bici bien también tiene que ver con el *dharma*, con ir al encuentro de la propia naturaleza.

Coincide además con un momento histórico y cultural en el que la bici está teniendo un crecimiento exponencial, gracias a muchos factores que convergen en su uso. Esas cuestiones de convivencia, si no se hacen con naturalidad, terminarán siendo reglamentadas. En toda reglamentación siempre hay una pérdida de libertad.

Al ser reconocido oficialmente, el ciclista urbano entra en una etapa adulta y empieza a tener obligaciones. En cuanto admite esto, y lo honra como ley interna, puede reformular hábitos de circulación que parecen no hacer mal a nadie, pero que implican algún riesgo. Admitirlos, aceptar reformularlos, tomar la decisión de contenerlos, en suma, desaprender esos hábitos lleva más tiempo que aprender a andar en bici.

Hay un puñado de noes que, ante la libertad que ofrecen las dos ruedas, continuamente tientan a transgredir normas de tránsito. Uno dice: «Por esta vez lo hago. No viene ningún coche. No me ve nadie. Puedo pasar por allí». A veces, ni siquiera se lo plantea y lo hace directamente. El hecho de que la mayoría de las veces nos salga bien y no pase nada no elimina la posibilidad de que alguna vez sí nos pase alguna cosa. Esa naturaleza anárquica es la que pide ser encausada.

No pasar en los semáforos rojos, aunque nadie venga por la transversal. No avanzar en la dirección contraria. No circular por las autopistas o viaductos en los que está prohibida la tracción a sangre. No circular por las aceras. No llevar a otro adulto atrás, ni en el cuadro, ni mucho menos sobre el manillar, tampoco cargar bolsas allí. No zigzaguear. No hacer piruetas, no usar el móvil... Cualquiera de esos y otros pequeños actos, al parecer insignificantes, pueden complicarnos la vida más de lo que suponemos.

No solo por sus posibles consecuencias, sin también porque lastiman el espíritu del ciclista, ya que al apartarnos de una línea de conducta correcta, producimos en nuestro interior una ruptura, incluso aunque no tengamos ningún accidente. Impedimos que el ciclismo se vuelva una práctica de armonización, tanto para uno mismo como para el entorno. ¿O acaso el mero hecho de ser vistos en bicicleta no despierta en los otros (peatones, conductores, pasajeros del autobús que nos miran por la ventanilla...) una resonancia en nuestro espíritu? Otra prueba: ¿acaso el mero hecho de ver a otras personas agacharse sobre la caca que sus perros dejan en la acera y levantarla con una bolsita no hace pensar en lo correcto?

Circular en bicicleta hace a las personas más amables y las obliga a ser responsables. Cumplir con todas las normas de tránsito municipales y de sentido común alinea (a cada uno) con el orden superior y restablece esa pauta energética. De algún modo, también nos protege. Un automovilista que nos percibe cuidadosos del espacio propio y del común quizá repare en nuestra actitud y se contagie. Por lo menos, nos mirará con otros ojos.

○ ○ ○

«El ojo tiene mil ojos, como el Bodhisattva de la Compasión.
Cada uno es una mano
buscando un almohadón en la oscuridad.»

GEORGE LEONARD

7. Mantenerla impecable

Todo ruido, pieza floja, desgaste desparejo,
salida de punto, rotura... se originan en algo que no
trabaja como debería. El ciclista desarrolla una
sensibilidad que percibe esos avisos. No es necesario ser
experto para acceder a la lógica preventiva.
Observar los componentes –nada más que observarlos uno a
uno, dejando que ellos nos muestren su función–
permite entender qué puede estar afectándolos.

«–¿Qué es el Zen? –pregunta un joven.

–¿Ya tomaste tu té? –responde el maestro.

–Sí.

–¿Y lavaste la taza?

–Sí.

–Bueno, eso es Zen.»

Anécdota narrada por THOMAS MERTON

El Zen tiene una expresión que integra la presencia del cuerpo, la mente y la actitud, puesta en el presente inmediato. Dónde estamos cuando hacemos algo, dónde tenemos la mente, qué hace nuestro cuerpo. Literal y concretamente se refiere a estar atentos a la acción, a evitar que la mente se vaya a otra parte que no sea el momento presente y el cuerpo haga otra cosa que la más apropiada. Si sierro una madera, mejor que mantenga el ojo de mi mente en el corte que hago; si después la pulo, en el pulido. Más allá de para qué esté preparando esa madera, la idea es quitar esa mirada interna puesta en el resultado final o en lo que obtendré por mi trabajo, y tratar de centrarla en cada etapa del proceso, cuanto más pequeña, mejor. Observación de la acción, concentración en la práctica, no en la meta, es lo que nos quiere decir *samu*.

Una vez que algo se logra, eso ya no es nada, dicen los maestros Zen.

Fue.

Antes y después

Tiempo atrás, en un centro de retiro espiritual, estaban construyendo nuevos dormitorios y me habían asignado trabajar en la carpintería, concretamente preparar las ventanas. Cada día, debíamos meditar junto a las herramientas quince minutos antes de empezar la tarea y detenernos media hora antes de la hora prevista, para hacer lo mismo. Estuviéramos donde estuviéramos, parábamos y empleábamos ese tiempo para limpiar una por una todas las herramientas; mientras tanto, reflexionábamos en silencio sobre la experiencia. La consigna era quitar cualquier vestigio de serrín y pasar un trapo aceitoso por toda superficie metálica. Afilar los cepillos. Acomodar las mechas de mayor a menor en sus cajas. Separar los tornillos y tuercas por sus tamaños. Limpiar los dientes del serrucho. Y poner todos los implementos en el mismo lugar del que los habíamos tomado. Después, pasar el plumero y barrer el taller. La siguiente vez que ese grupo u otro volviera a entrar debía encontrar todo como si nunca nadie hubiera pasado antes por allí. Una vez ordenado el galpón, hacíamos una ronda y agradecíamos a las herramientas que nos hubieran facilitado la tarea.

Cualquiera que viera la escena desde fuera podría decir que exagerábamos la nota. Quienes estábamos ahí sabíamos, como lo saben todos los que han pasado un tiempo en alguna comunidad Zen, que ese cuidado de las herramientas, amoroso y casi humano, tiene el mismo valor que cualquiera de las otras prácticas espirituales que se realizan en ese centro. No hay un nosotros por un lado y las herramientas por otro. El ritual es para recordarnos que ambos somos instrumentos de una misma energía única, totalizadora.

A la tarde o al día siguiente, al volver a coger las herramientas, la sensación que provocaban en nuestras manos lo decía todo. Primero era de reencuentro con ellas, e inmediatamente, con la alineación interna que buscábamos en ese centro. Lo mismo les ocurría a quienes trabajaban en la cocina, en la huerta, en los telares, levantando paredes, hasta los que iban a la administración tenían un tiempo para abrir y para cerrar la tarea. Si algún novato como yo no lo comprendía en el momento, al día siguiente se le revelaba su sentido.

Cuidarla es cuidarme

La actriz Michele Pfeiffer confesó varias veces que se relaja desmontanto su bicicleta y volviéndola a montar. Hemingway decía algo de la escritura, que también es válido para la bici: uno es quien sabe realmente lo que no está funcionando.

El mantenimiento de la bicicleta también es una metáfora de lo que hacemos con nosotros mismos. Al volver de una salida, muchas veces lo primero que deseamos es abrir la nevera, así la bici queda como llegó, apoyada y olvidada sobre una pared. Al día siguiente, la giramos y nos montamos en ella.

No digo que debamos agradecerle (¿por qué no?) los servicios prestados en cada trayecto, ni hacerle un *service* diario. Sin embargo, tomar conciencia de su «vida» y de los efectos que el uso va provocando en sus piezas puede darnos algunas pautas de por qué funciona de determinada manera y no de otra. Se establece un vínculo que trasciende el de usuario-artefacto. Al cuidarla, nos cuidamos. Cuidamos «nuestro» (de ella y de nosotros) andar alineados.

Por lo tanto, limpiar la bici es limpiar la mente. Alinearla, alinearse. Dedicarle tiempo fuera del andar, una manera de estar con –y saber sobre– nosotros mismos. Nos damos paz mental, porque lo que ocurre afuera ocurre adentro.

Aferrado a los pedales, el ciclista siente el roce de la cubierta sobre el pavimento, el trabajo que hacen las piezas, el clic de los eslabones cuando pasan de un piñón a otro y cambian la relación de marcha, el desarrollo de la cadena sobre el plato. No ve: siente y oye. Su conexión o percepción del funcionamiento le permite detectar intuitivamente cualquier desperfecto, a veces antes de que se produzca. Una diferencia de alineación o centrado de una rueda, algunas libras menos de presión en una cámara, una irregularidad o dureza en la cadena, un manillar flojo… «avisan» al cuerpo.

Del mismo modo natural en que el ciclista mantiene el equilibrio o avanza entre otros vehículos, algo en él opera en automático con relación al cuidado de la máquina. Cada uno conoce los puntos fuertes y débiles de la suya, fallas estructurales, mañas crónicas. Cuanto más la usa, más receptivo se vuelve a sus síntomas.

Una bicicleta a punto no se siente. Se deja pedalear, ofrece un andar suave y a la vez firme, es silenciosa (ninguna pieza se queja), se integra a los movimientos como si fuera una prolongación de nuestra anatomía. Casi no opone resistencia: todas las piezas interpretan al instante nuestras señales. Tanto para avanzar como para frenar, doblar o cambiar de marcha.

Si bien es imprescindible hacerle un ajuste regularmente para evitar el deterioro progresivo causado por la falta de lubricación y el juego de algunas piezas, cada vez que volvemos a casa podemos hacerle un rápido chequeo. No siempre es posible arrodillarse a ajustar o reparar algo que se soltó o rompió con el uso, pero cuando podamos llevar a cabo esta tarea, sí podemos hacerla consciente para que la bicicleta no nos sorprenda la próxima vez que nos montemos en ella. El ritual abre un espacio de meditación entre la actividad desplegada sobre la bicicleta y la que viene. Si la bici es parte de uno, ese rato le da otra significación a su uso.

Cuando uno se encariña con la bici y empieza a perder el miedo a su mecánica, normalmente se da cuenta de que todo tiene su lógica, y que algunas partes se pueden desarmar sin miedo. Una vez que uno hace un ajuste o un arreglo, y funciona, las ganas de continuar no se van más. Primero, empieza enderezando los patines, aceitando la cadena, ajustando alguna tuerca o un tornillo que baila, o la posición del manillar. Poco a poco, a medida que se comprende la lógica del montaje y funcionamiento, uno se va animando a intervenir sobre otras partes.

Hay rutinas de afinación que son anuales o bianuales y que conviene dejar en manos de algún hombre del oficio. Sin embargo, muchas pequeñas tareas de mantenimiento semanales o mensuales requieren un mínimo conocimiento específico y apenas cierto grado de paciencia (que nunca está de más) y dos o tres herramientas.

La lógica de la inferencia

Un artesano no está siempre siguiendo una línea única de instrucciones, pues toma decisiones a medida que avanza. La naturaleza del material a su alcance determina sus pensamientos y movimientos. Lo escribe Robert Pirsig en *El Zen y el arte del mantenimiento de la motocicleta*. Afirma que, al concluir el trabajo, la mente queda en un reposo distinto si ha trabajado maquinalmente.

Uno llega a la paz mental tras haber logrado hacer una buena puesta a punto de las cuestiones que lo preocupan. Esto es: tener una actitud reparatoria, desapegada, limpia frente a cuestiones y problemas, que pueden estar pendientes o sin resolver.

Ir en bicicleta más tranquilo, porque todas las partes funcionan bien, es una idea razonable para una mente especulativa y acostumbrada a fijarse objetivos. Para el Zen, si no estás tranquilo cuando sales a andar en bici y mientras estás trabajando en su mantenimiento, es muy probable que introduzcas en la bicicleta tus problemas personales.

Dicho de otro modo, la bicicleta puede estar perfecta, pero

si algo te perturba, de ella o de tu propia realidad, no funcionará impecablemente hasta que tu mente se serene.

La mente de un practicante Zen, como la de un verdadero especialista o la de un artesano, y la de tantos que se entregan sin libreto a lo que hacen, deja que cada paso le vaya dictando lo que debe hacer en el siguiente. Impide que el conocimiento técnico frene el intuitivo.

La lógica del Zen rompe la lógica causa y consecuencia en la que se basa la inferencia. Inferir es deducir una cosa de otra, por lo que se desprende de ella, a través de cualquier tipo de razonamiento. El andar en bici es una prueba concreta de que ese sistema funciona: no sigue ningún conjunto de instrucciones escritas. A medida que avanzamos, absortos o atentos a lo que hacemos, y aunque no lo hagamos de forma deliberada, «se» nos ordenan vía inferencia un número infinito de decisiones que se suceden segundo a segundo.

Aquella media hora que reservábamos en la comunidad para devolver las herramientas a su estado original, una vez terminada la tarea, era en verdad una forma externa de desapegarnos de la tarea realizada, una meditación en actividad para que nuestra mente volviera sobre sí misma. Los minutos pre o post a andar en bici parecen tener el mismo sentido que los que estamos sobre ella. No, no lo tienen: son partes de una misma armonía. Dejar todas las piezas limpias, bien ordenadas, listas para que al volver a ser utilizadas funcionen sin lastres del uso anterior establece un correlato elocuente en el plano interno. Uno también es ese conjunto de piezas.

○ ○ ○

«El que limpia no está. El que está no limpia.
Así que, por favor, deje todo limpio como está.»

Cartel de un aula-taller

Epílogo 1:

Mis siete bicis

Cada vez que llego a una ciudad,
mi prioridad es conseguirme una bici.
Eso me hace sentir del lugar.

«En el primer viaje en bicicleta están contenidos todos los viajes que va a realizar uno a lo largo de la vida. [...] Montar por primera vez en bicicleta era un acto de iniciación, que te obligaba a salir del ámbito familiar para perderte en un trayecto desconocido.»

MANUEL VICENT

Al cumplir tres años, mis padres me regalaron la primera bici, una Broadway rodado 16, «con rueditas», así se denominaba a los estabilizadores. En 1982, a mis treinta y ocho años recién cumplidos, empiezo a usar casi todos los días una Raleigh, rodado 28, y descubro que la bici es mucho más que un medio de transporte, una distracción, un deporte u otra forma de hacer ejercicio. Sin proponérmelo, cada vez que me monto en ella para ir al centro o salir a pasear («Distancias que no asustan al pedal», al decir de Eduardo Galeano), tengo percepciones que en general no registro, tanto sobre lo que veo como sobre el fenómeno de andar en bici.

La ciudad es la misma y a la vez me parece otra. Se me activa una energía muy primaria, cercana a la felicidad. Entre la Broadway y la Raleigh voy teniendo varias bicicletas: las propias son siete.

○ ○ ○

Cuando le sacaron los estabilizadores a aquella primera bici, andar fue como un juego, como correr tras la pelota o darle a la raqueta. Me preguntaba cuánto más ligero podía mover las piernas, a partir de qué velocidad empezaba a asustarme, quién de los chicos de mi calle llegaba primero a la esquina o tardaba menos en dar la vuelta a la manzana, quién andaba más tiempo sin manos, quién era capaz de pararse con un pie sobre el asiento y levantar el otro, quién el que zigzagueaba entre latitas, ubicadas cada vez más cerca, sin tirarlas.

Cuando estoy solo, el desafío es otro: hasta dónde me animo a ir, siempre más lejos del radio que me permiten mis padres. Después, la bici se vincula con el crecer: insisto con tener una rodado 24, como la que mis hermanos no me prestan. Cuando les compran una bici adulta, una Bianchi italiana de carrera, única en el barrio, me adjudican la 24. Al detenerme, debo inclinarla cuarenta y cinco grados para llegar con los pies al suelo. Ir montado sobre ella por las calles de Castelar, el pueblo donde vivimos, me hace sentir mayor. Sin embargo, nunca termina de ser mía.

Mi madre usa la suya, una Phillips dorada, dos veces por semana para ir a una feria ubicada al otro lado de las vías del tren. Vuelve con las cestas repletas y con dos enormes bolsas colgadas del manillar. Hasta poco antes de morir, su cara rejuvenece al evocar esos momentos. Había aprendido a andar de grande, después de nuestro nacimiento. La primera o segunda vez que subió a la bici dorada, regalo de mi padre, se cayó sobre la enorme bosta recién hecha de un caballo que tiraba del carro que vendía pan. No me olvidaré nunca que cada vez que contaba la anécdota repetía: «¡Estaba caliente!».

La compañera de esa bici, una azul metálica que mi padre se compró para los fines de semana, duró muy poco. El mismo día que la trajo a casa, dejó mal cerrado el portón y ¡blup!, se la llevaron. Se enojó tanto que renunció para siempre a comprarse o subirse a otra. Después del robo, nunca salió con nosotros, ni en la de mi hermano mayor, ni en la de mi madre. Dos actitudes ante la vida.

Mientras vivimos en ese pueblo, mis hermanos y yo usábamos las bicicletas con cualquier motivo: hasta para ir a la esquina. También íbamos en bici a casa de cualquier amigo, pues la llevábamos por lo que pudiera ocurrir. Llegar en bici parecía más importante que llegar a pie, aunque el resto de la tarde quedara olvidada en el suelo, sobre las baldosas.

Cuando nos mudamos al centro de la ciudad, solo trajimos la Bianchi. Durante unos meses quedó en el sótano del edificio, detrás de una biblioteca provenzal. Hasta que un sábado la saqué, la llevé a que le inflaran las ruedas y me fui a conocer la Avenida Costanera. Todos en casa decían: es peligroso que un chico de doce años circule entre los autos... Ya era tarde, pues me la había apropiado.

La Bianchi no tenía cámaras ni neumáticos, solo unos tubos amarillos y negros que debían tener siempre la presión máxima. Una colilla que pisara sobre el pavimento la hacía saltar, ni que decir de una piedra o de cruzar las vías del tranvía. Las calles con empedrado estaban vedadas.

A mis nuevos compañeros de colegio y a los amigos del club, les parecía una costumbre de pueblo que algunas veces llegara y me fuera pedaleando.

¿Qué muchacho no deseó en su adolescencia, o se lo imaginó, llevar a la chica de sus sueños sentada sobre el manillar, mirando hacia él, sosteniéndose con las manos alrededor de su cuello...? Muchos lo habíamos visto en algunas películas; otros lo imaginaban como una continuación natural... Para los que considerábamos la bici como una parte nuestra, ese voto de confianza era una metáfora de la felicidad que prometía la relación.

Las ganas de andar en bici disminuyeron cuando empecé a manejar el coche de mi padre. Luego a los veinticinco conseguí mi primer Citroën 2CV, tuve una de las primeras motos Honda 50 que entraron en el país, y mis hermanos, una Siambretta. Entretanto, sin nuestro consentimiento y sin que nos enterásemos, nuestros padres le regalaron la Bianchi al hijo del portero.

Llegué a olvidar cuánto me gustaba andar en bici hasta que, por esas vueltas de la vida, ya cerca de los treinta y trabajando en una agencia de publicidad en París, advierto que el metro me quita la oportunidad de ver –y vivir– la ciudad. Al comentarlo con el dueño del piso que alquilo, me ofrece una bicicleta que ya no usa: si la mantengo (y subo y bajo los tres pisos por la escalera) puedo usarla cuando quiera. Me lo aclara: sigue siendo mía. Era una Peugeot clásica, rodado 28, de andar muy suave. Menciono la marca por la importancia que tiene para mí, un sudamericano, descubrir que la fábrica de esos autos por los que tanto suspiraba también tenía en cuenta ese vehículo «menor». Ignoro, entonces, lo que significó la bicicleta antes, durante y después de la Segunda Guerra Mundial. Cuando trepo las colinas del Sacré-Coeur o Saint Cloud a bordo de «nuestra» Peugeot, siento como propio el fervor existencial y ciclístico de Henry Miller en su período parisino.

En 1973, durante la crisis del petróleo, los países árabes hacen valer el poder de sus grifos y tiembla la prosperidad europea. En París, jóvenes, estudiantes, hombres de traje y mujeres trabajadoras se mueven en ciclomotor. Las Mobylettes y las Solex eran parte de la vida cotidiana.

En las calles, me dejaban atrás. Costaban muy poco, casi no gastaban combustible, y se las podía dejar en cualquier lado. Sin embargo, por una mezcla de orgullo y fidelidad yo prefería esa cosa *demodé* que tiene seguir pedaleando.

Ese año, la agencia diseñó una campaña de suscripciones para Le Sauvage, un mensuario de ecología –palabra que todavía sonaba misteriosa– lanzado por *Le Nouvel Observateur*, el semanario de la izquierda no radical. Propongo usar la silueta de una bici como símbolo. En la reunión en que presentamos a editores y publicistas nuestros bocetos, nos dicen: «Busquen otro motivo». Argumentos: «las bicicletas pertenecen al pasado», «nos van asociar con la austeridad», queremos algo más vivo. Finalmente, escogen el brazo en alto de un tipo que pide auxilio en un lago lleno de botellas y desechos plásticos.

Poco después, la vida me lleva a Londres. Necesito veinte minutos para llegar del *underground* al trabajo. El billete semanal me cuesta el equivalente a media jornada. Antes de decidirme a comprar una bici, encuentro una casi destruida en un contenedor. La cargo al hombro, la desmonto entera, meto todas las piezas en un bote con gasolina y la llevo al mecánico del barrio. A los quince días y por un precio que hoy recuerdo como irrisorio, me devuelve una hermosa bici, lista para andar, pintada de azul y blanco.

«*Very argie*», comentan al verla. «Por cierto, muy argentino», respondo. Debo comprarme una capa de lluvia especial para ciclistas. No soy el único loco. Muchos ingleses que conozco en esos años mantienen la tozudez de usar la bici bajo el agua. Cinco años después, pocos días antes de repatriarme, la vendo a un muchacho peruano recién llegado. No pienso en todo lo que la extrañaré.

Mi quinta bici se la compro a Pedrinho, un técnico de bicicletas de Búzios (un pueblo de pescadores al norte de Río de Janeiro), donde hago una escala de casi tres años. Pedrinho vive en una choza en Vila Caranga, entre restos de bicis que abandonan los turistas y que no resisten más arreglos. Todos lo consideran el loco del pueblo. Me monta una que funciona sobre cualquier superficie, en especial cuando la llevo a la playa, y a la que «*o ferrugem*» parece no afectar. Es tan elemental que la puedo dejar en cualquier parte, sin temor a que me la roben, y ni siquiera me la piden prestada. Es mi compañera más fiel en esa época.

Mi madre (sesenta y ocho años tenía entonces) decide pasar una temporada conmigo. Lo primero que hacemos es visitar a Pedrinho. Mientras subimos al morro que hay detrás de su choza-taller y vemos una de las puestas de sol más lindas del mundo, él nos monta una bici de ruedas bajas, muy parecida a las actuales que se pliegan. Al día siguiente, al volver de la playa, quiero que mi mamá la estrene y conozca Praia dos Osos. «¿Te animas a dar la vuelta a la punta y regresar por Tartaruga?», le pregunto. «Hace un cuarto de siglo que no me subo a una», dice. Al verla salir pedaleando, parece que nunca se hubiera bajado. De repente, en una barranca, su bici toma muchísima velocidad. Mientras salgo corriendo, calculo que es imposible alcanzarla antes de que pierda el control. Además, si la alcanzo, ¿qué hago? Solo atino a gritarle: «¡Frena, mami, frena, maaami…!». Pedrinho debe haberle puesto unos trozos de goma recortados de cualquier manera como patines de freno.

Me recrimino la irresponsabilidad de haberla expuesto a ese peligro. No quiero pensar lo que pasará en pocos segundos: la veo apretar las piernas al cuadro y mantenerse recta hasta el final de la bajada. Después deja que la velocidad se reduzca por sí sola.

Hacemos un alto y nos relajamos. Compruebo que sus frenos funcionan a la perfección. «¿Por qué no los usaste?», la riño. «¿Qué querías?» –me contesta, ¿que los clavara y me matase?»

Un par de meses después, antes de volver a Argentina, me dice: «¿Y si nos las llevamos a casa?». No sé por qué me negué.

○ ○ ○

En Buenos Aires, planifico mis salidas como si siguiera tenien-do una bici. Alquilo una oficina a seis calles de donde vivo y me desplazo dentro de un radio de cuatro o cinco mil metros. Es 1982 y aquí muy pocos andan en bicicleta.

Chía es la única mamá que espera a la salida de la escuela con una bici. Tiene una grande y ancha, con dos asientos: uno cuelga del manillar hacia atrás, el otro está atornillado al portaequipaje trasero. «¿Vamos a ver de qué color está hoy el lago?», les dice a sus hijos al montarlos. Antes de volver a casa, casi todos los días, Jazmín (cinco) y Fede (cuatro) se ganan una vuelta por los bosques de Palermo.

Todavía no han llegado al país las *mountain bike*, se fabri-can, y cada vez menos, réplicas de las europeas tradicionales. Con caño para los hombres, sin caño para que las mujeres no necesiten levantar la pierna al subir. Por una de esas casua-lidades, alguien, exmarido de una muchacha que conozco en un grupo de meditación, importa una partida de Raleigh, las clásicas negras con el asiento de cuero Brooks, y quiere promo-cionarlas. Voy a verlo, le ofrezco un canje y vuelvo andando. Es una señal.

La uso, la miro apoyada contra la biblioteca en la sala de mi apartamento o detrás de mi escritorio, e incluso, cuando pienso en ella, la sensación es la misma: me reencuentra con esa parte de mí que, aun sin poder definir qué es ser feliz, fue feliz infinidad de veces.

○ ○ ○

Las miro pasar a mi lado y me digo: «Las *mountain* no son para mí». Hasta que un domingo de 1990, pruebo una en la casa de campo de unos amigos. Esa misma semana me compro un modelo similar, una Specialized Zenith, con cambios Shimano. Mis pulgares imprimen inmediatamente la función en mis patrones neuronales. La Raleigh negra, inmortalizada en la portada del primer número de la revista *Uno Mismo* y usada todos los días para hacer las cien calles de ida y vuelta a la redacción, pasa a Federico, que se ha cansado de su Cross, una BMX Fiorenza roja, y ya tiene piernas suficientemente largas para pedalear en una grande.

La *mountain* sobrevive a todo. A un accidente en el que Clara, mi hija menor, entonces de tres años, sentada sobre el caño desliza la punta del pie entre los rayos de la rueda delantera y ambos volamos por encima del manillar. Consecuencia: yeso y cicatrices. A una Honda Express que me presta mi sobrina Violeta. A una Vespa 250 –sueño del joven– verde y poderosa.

Sobrevive incluso a un motor chino de cuarenta y ocho centímetros cúbicos que le adoso en el cuadro y retiro al poco tiempo, porque la ha convertido en cualquier cosa, menos en una bicicleta. Sobrevive a una vez que me la olvidé en la puerta de un bar. A la tentación de cambiarla… La quiero como a una antigua compañera de armas.

Mientras escribo este libro, no deja de sorprenderme la variedad de modelos que veo por las calles porteñas y de los diseños de las bicis eléctricas que lanzarán las grandes marcas de automóviles. Capricho de madurez, se me mete en la cabeza volver a andar en una inglesa clásica. Todas las que descubro por internet, en Argentina y en Uruguay, han perdido su estado original. Además, sus propietarios las venden como antigüedades. Una madrugada, recuerdo que Ino Iaccarino, uno de los editores de *Uno Mismo*, se había comprado una parecida a la mía cuando hacíamos los primeros números de la revista. Lo llamo para preguntarle si todavía la tiene. Su respuesta me eriza la piel: «Te está esperando». Una Roadmaster –vaya nombre– del 83, verde oscuro, asiento Brooks, cambios y dínamo Sturmey Archer en el interior del eje trasero… Conserva hasta las calcomanías originales. Ni aceite necesito ponerle para volver montado en ella.

«Uno siempre vuelve a pasar por los mismos lugares», comenta Jazmín, que estos días acaba de comprarse una bici con asiento detrás. Manu (entonces dos años), mi primer nieto, va y vuelve al parvulario como iba y volvía su madre de la escuela, cuando la conocí. Los días que veo a Clara sacar su Canaglia azul y blanca para ir al trabajo o cuando me llegan fotos de Brian y Kirsten andando juntos por Dinamarca o el Central Park de Nueva York, siento algo similar para lo que no tengo palabras…

Nada. Solo esto. Que andar y ver a otros andar en bici despierta este tipo de alegría.

Epílogo 2:

Un Zen laico

¿Es posible considerarse un practicante Zen sin seguir para siempre a un maestro, ni llevar una práctica disciplinada dentro de una congregación? ¿Es necesaria alguna ordenación? ¿Qué determina si uno es o no es Zen?

«Los frutos maduran por sí mismos.»

Bodhidharma

A los dieciséis años, leo *El Zen y el arte de los arqueros japoneses* de Eugen Herrigel, y un concepto cae sobre mis creencias como un bastonazo: el alumno debe pararse sobre los hombros del maestro. Si es necesario, matarlo.

Lo mismo le escucho gritar al poeta *beatnik* Allen Ginsberg: «No sigan a nadie.» Krishnamurti, otro que leo en esa época, es más categórico: «Sé tu propio maestro».

Ajá… O sea, todo cuanto me digan puede ser verdad o no, pero lo único que puede acompañarme es lo que proviene de mí. De escuchar lo que me digo, y de la sinceridad con que me respondo.

El rol del maestro (*roshi*) entiendo que sería ayudarme a sintonizar con esa vocecita. La propia, la previa a las palabras. Esa que viene siendo aplacada por padres, docentes, cultura, grupos de pertenencia… O por mis miedos.

Más allá de la veracidad que pueda atribuir a esos mensajes, todavía me cuesta entender que el budismo y el Zen sean algo de adentro para afuera.

Con todo, desde entonces, aun sin poder explicármelo demasiado, me siento parte de esa familia.

○ ◐ ○

Solo entré a salas de meditación Zen –*dojos*– cuatro o cinco veces. No me sentí cómodo vistiendo la túnica negra, ni entrando por la izquierda. Solo en ocasiones estuve frente a algún maestro. Nunca hice retiros en monasterios, ni participé en ninguna ceremonia. Algunas veces medité en grupo, otras en privado, pero no puedo decir que tenga *brevet* de meditador.

○ ◐ ○

Tengo mucho respeto por los que encontraron o se hicieron un espacio dentro de ese encuadre. Más que su persistencia, aprecio la amigabilidad con que actúan. Comparto los votos que hacen cuando toman refugio. Reencontrarme con la propia budeidad, no mentir, no robar, no matar, reconocer el sufrimiento ajeno como propio… Con los años, esos ideales se me imponen naturalmente. Como un compromiso ante mí mismo.

Mi relación con el Zen parece circular por otras arterias.

○ ◐ ○

Me alivia que el Zen no hable de Dios, sino de la no-dualidad. Cosas y seres, todo tiene una existencia interdependiente. Todo está vinculado, es parte de un mismo todo. El Único. Uno. Los límites, lo mismo que el pensamiento dualista, son producto de la mente.

No ofrece divinidades a las que adorar. Ni un premio en el más allá. Si bien habla de alcanzar el *satori*, no dice que haya que buscarlo como meta. Habla de despertar ante cada experiencia. Práctica e iluminación no difieren.

No da respuestas: hace que cada uno busque las propias, aun sin intención de obtenerlas. Por el mero hecho de buscarlas, sin aferrarse a ninguna.

No hay una serie de pasos, ni de niveles. Mucho del aprendizaje consiste en desaprender: desarmar modelos de comprensión de la realidad que han echado raíces como preconceptos entre los pensamientos, desapegarnos de algunas ideas que considerábamos definitivas, dejar que los descubrimientos sorprendan nuestras pasiones, no tomar decisiones basándonos simplemente en sensaciones o sentimientos…

En lo personal, siempre me atrae ese carácter no moralista, no devocional y no proselitista. Ningún monje, ni practicante Zen de los que conocí hizo nada por convencerme de lo más mínimo. Su verdad incluye aceptar todas las verdades que cada uno pueda tener; la mía es recordarlo.

○ ○ ○

Cuando alguien junta las dos manos e inclina la cabeza (*gassho*) ante alguien o ante la figura de Buda, reverencia su propia naturaleza de Buda y la del que está enfrente: el Buda saluda al Buda.

○ ○ ○

Para algunas corrientes, Zen es *zazen*: la disciplina de sentar-se a contemplar con los ojos cerrados y las piernas cruzadas y, a través de la postura y la respiración correctas, penetrar en un estado de vacío o nada. Pero todas las corrientes consideran que el *zazen* continúa o empieza cuando te levantas del almohadón.

El *zazen* es una actitud presente en todas las actividades de la vida. En cada lugar, en cada momento. El Zen siempre está allí, hagas lo que hagas. Todo puede ser una forma tentativa, le pongas el nombre que le pongas, pero mejor no le pongas ninguno.

En el *Sutra de Vimalakirti*, hay una anécdota bastante elocuente. Varios practicantes se reúnen para hablar sobre la vacuidad. Después de que cada uno da su interpretación, el Bodhisattva Manjusri, personificación de la Sabiduría Suprema, dice que en cuanto se habla se está errando. Un practicante laico, presente entre ellos, los observa callado. En «un silencio atronador», dice el *Sutra*, Manjusri lo aprueba. Su comprensión sobrepasa la de todos los demás.

Por cierto, para que el *zazen* sea algo más que una discreta meditación –y en una primera etapa permita abandonar el cuerpo y la mente–, conviene que alguien instruya en cuanto a la posición y la actitud correctas. Un buen amigo con experiencia, como se consideran muchos maestros.

Un compañero del camino, sin otros objetivos, sobreentendidos o máscaras.

Evoco la mano del adulto que sostiene el asiento del niño que quiere aprender a andar en bici.

Pero la enseñanza no es una identidad de pertenencia. Nadie es un verdadero practicante Zen por formar parte de un grupo o de una comunidad Zen. Ni por adherirse a un sentir y creer común. Es una práctica solitaria, que se puede hacer también junto a otros, pero como «comunidad de solitarios» (Giuseppe *Jiso* Forzani).

○ ○ ○

El Zen tampoco obedece a una institución jerárquica, ni promueve estructuras de poder. Un monje ordenado, un practicante y un independiente (me resisto a llamarlo laico, ya que no considero que el Zen sea una religión) son iguales ante una única búsqueda: la propia naturaleza.

Desde la existencia de Buda, un sinnúmero de personas hacen suyas sus enseñanzas y practican sus preceptos, sin necesidad de seguir a ningún maestro, sin haber sido ordenados, ni pertenecer a ninguna congregación. Sin siquiera llamarse Zen.

No hacen una cuestión de si lo son o no lo son. Lo experimentan con total libertad, sin esperar nada a cambio, sin rendir cuentas a nadie más que a sí mismos.

○ ○ ○

A veces, y esto los ciclistas lo sabemos bien, se llega a los mismos lugares por caminos paralelos. El Zen puede aparecer al soltar la cuerda de un arco, al soplar una flauta de caña de bambú o al servir una taza de té.

Formalmente, un ciclista no es un practicante Zen, pero su práctica puede ser considerada Zen. ¿Quién es él, sino su práctica?

Eso que «se» experimenta a cada pedaleada.

No hay «un» solo budismo, un Zen, una explicación. Hay tantos, como experiencias personales. De cuanto te digan, leas (este libro incluido) y oigas, lo único Zen es lo que te resuene. Si la vocecita te dice que no sigas por tal carril bici y que gires para allá, puede haber algún motivo.

Los desvíos también son parte del camino.

El gran viaje no es otro que recuperar la mente original.

Bibliografía

Al Chung-Liang Huang. *La esencia del T´ai Chi*. Cuatro Vientos, Santiago de Chile, 2006.

Alexander, F.M. *La resurrección del cuerpo*. Estaciones, Buenos Aires, 1988.

Augé, Marc. *Elogio de la bicicleta*. Gedisa, Barcelona, 2009.

Baigorria, Osvaldo. *Buda y las religiones sin Dios*. Campo de Ideas, Buenos Aires-Madrid, 2002.

Bustamante, Jorge. *De cara al muro, presencia del Zen*. Lumen, Buenos Aires, 1995.

Brown, J.E. *El arte de tiro con arco*, seguido de: Ananda Coomaraswamy *El simbolismo del tiro con arco*. Coomaraswamy, A. Olañeta editor, Mallorca, 2007.

Byrne, David. *Diarios de bicicleta*. Reservoir Books, Buenos Aires, 2010.

Dürckheim, K.G. *Hara, centro vital del hombre*. Ediciones El Mensajero, Bilbao, 1987.

Glassman, B., y Fields, R. *Cocina Zen*. Cuatro Vientos, Santiago de Chile, 1999.

Herrigel, Eugen. *Zen en el arco del tiro con arco*, edición ilustrada,

Introducción de D.T. Suzuki, notas de Juan Carlos Kreimer y Roberto Curto. Kier, Buenos Aires, 1972.

Honoré, Carl. *Elogio de la lentitud*. Del Nuevo Extremo, Buenos Aires, 2011.

McCluggage, Denise. *El esquiador centrado*. Cuatro Vientos, Santiago de Chile, 1996.

Pirsig, R. *Zen y el arte de la mantención de la motocicleta*. Cuatro vientos, Santiago de Chile, 1997.

Nachmanovitch, S. *Free Play*. Paidós, Buenos Aires, 2003.

Raymond, T. *Sabi-wabi-Zen* Visión libros, Barcelona, 1986.

Reps, P. *Carne Zen, huesos Zen, escritos Zen y pre-Zen*, compilados. Estaciones, Buenos Aires, 1997.

Suzuki, D. T. *La doctrina del inconsciente*. Kier, Buenos Aires, 1993.

—. *El ámbito del Zen*. Kairós, Barcelona, 2005.

Suzuku, Shunryu. *Mente Zen, mente de principiante*. Estaciones, Buenos Aires, 2003.

Thich Nhat, Hanh. *Momento presente, momento maravilloso*. Era Naciente, Buenos Aires, 1992.

Villalba, Dokusho. *¿Qué es el Zen? Introducción práctica al budismo Zen*. Miraguano Ediciones, Madrid, 1984.

Watts, Allan. *Esto es Eso*. Kairós, Barcelona, 1993.

Agradecimientos

Mi madre volvía de la feria cargada de bolsas. Chía iba a las clases de yoga en bici. Mi hija Clara parece haber heredado mi pasión por la bici. Román Ripol me habló del «hacer sin hacer»; Ricardo Benadón de la conexión hombre-vehículo. Gerardo Abboud, siempre dispuesto a aclarar cualquier duda sobre el budismo. Pancho Hunneus, Gustavo Ressia y Agustín Pániker publicaron en sus respectivas editoriales libros que me abrieron la cabeza. César Civita me confió el abracadabra de los editores: incluir una bicicleta en el primer número de toda publicación periódica. Gustavo Borenstein y Alberto e Ino Iaccarino se contagiaron de mi entusiasmo y crearon la infraestructura necesaria para que la revista «*Uno Mismo*» saliera todos los meses. Héctor Pivernus y Cristina Grigna me concedieron el honor de hacer una edición especial de *El Zen en arco del tiro al blanco* de Eugen Herrigel. Thich Nhat Hanh me autorizó traducir sus libros *Momento presente, Momento maravilloso* y *El Sol mi corazón*; Ricardo Parada, a pasar del «desconfía» al confía y acertarás. Jorge Alberto me explicó cómo el movimiento surgía de determinados quiebres del equilibrio y otras leyes físicas que usamos sin conocerlas. Juan Manuel de los Reyes reparó mi codo destrozado. Jorge (Ryúnan) Bustamante me transmitió que el sentido de la práctica está por encima de cualquier elucubración teórica. Edgardo Werbin Brener resignificó, desde el Zen, muchas de mis vivencias. Sebastián Donadío compartió generosamente sus conocimientos técnicos, y lo mismo hizo Bob Curto con su erudición Zen. Emilio Fernández Cicco despojó mi texto de todo artificio, hasta que el libro se encontró a sí mismo. Mis hermanos Osvaldo y Eduardo, y mi querida familia, siempre estuvieron a mi lado, como verdaderos compañeros del camino. Sin ellos, este libro no sería lo que es...

Sobre el autor

Juan Carlos Kreimer nació en Buenos Aires en 1944. Hace periodismo cultural, escribe y edita. Sus libros de rock fueron los primeros en publicarse en español: *Beatles & Co* (1968), *Agarrate!* (1970), *Punk la muerte joven* (1978). En 1982 funda y dirige durante doce años la revista *Uno Mismo*. Es autor de *¿Cómo lo escribo?* (1981), *Contracultura para principiantes*, *El varón sagrado*, *Rehacerse hombres* y de tres novelas: *Todos lo sabíamos, El río y el mar* y *¿Quién lo hará posible?* Adaptó como novelas gráficas *Los dueños de la tierra*, de David Viñas, y *El extranjero*, de Albert Camus. Desde 1995 dirige las series: Para Principiantes (Era Naciente) y Novela Gráfica (De La Flor).

bicizenjck@gmail.com